한국사 미스터리 3

50년만에 풀어낸
무령왕릉의 비밀

창도 오운홍

—— 50년만에 풀어낸

무령왕릉의 비밀

창도 오운홍

머리말 (들어가는 말)

역사 기록과 왜곡에 대하여

역사 기록의 속성을 생각하는 까닭이 있다.
지금, '무령왕릉의 역사'를 쓰고 있기 때문이다.

역사란 '일어난 사건 그 자체'이며 '이를 기록하는 동시에 역사 왜곡'이 이뤄진다는 함의가 있다. 역사 기록은 기록자가 객관을 유지하려 해도 그가 주관하므로 그에 의한 한계가 있다.

한 가지 사건을 몇 사람이 각기 기록했다 할 때 대체로 같은 것 같지만 선택되는 언어와 표현까지 조금씩 다를 수밖에 없으며, 또 어떤 기록자가 의도를 가미한다면 서로 어긋난 기록이 될 수 있다.

백제사와 관련된 중국 사서를 보면서, 그리고 국내 사서 『삼국사기』와 『삼국유사』, '한국사'를 보면서 왜 이리 다른가? 달라도 너무 달라서 우리를 당황케 한다.

역사를 왜 쓰려고 하는가?

우리는 기억하기 위해 일기를 쓴다. 그런데 일기가 역사가 될 수 있을까?

또 가문마다 족보가 있는데, 족보도 역사가 될 수 있을까? 일기가 자서전이 될 때 역사 자료가 된다.

박지원의 청나라 견문록 『열하일기』는 정사(正史)에서 볼 수 없는 사회 제도와 양반 사회의 이면과 모순을 기록하고 있다. 이를 통하여 우리는 당시 역사의 뒷마당을 보게 된다.

한편 족보도 역사가 된다. 성경의 창세기는 훌륭한 역사서이다.

이암이 쓴 『단군세기』는 단군왕검의 족보나 다름없다.

우리네 가문에 전해 내려오는 족보도 내 조상의 역사를 말해 준다.

보통의 일기는 나를 위해 쓰며 비밀로 하고 싶어 한다. 일기는 다분히 자기중심적이다. 그런데 족보는 대부분 자손을 위해 쓴다. 자랑하기 위해서 쓰는 것이 아니라 자손에게 남기기 위해 쓴다. 자손에게 정체성과 자존감과 자립성을 키워주기 위해 족보를 쓴다. 자기와 어딘가 닮은 자식(손)에게 자신이 살아왔던 전통적 삶과 조상으로부터 이어받은 정신(얼)을 이어주려고 족보를 쓴다.

임금과 왕자를 위한 역사책도 있다.
『자치통감(資治通鑑)』을 보면, 제목부터 '다스림(治)에 대한 정보(資, 사례)가 되고 역대를 통하여(通) 거울(鑑)이 되는 책'이란 뜻이다.

『삼국사기』는 고려 인종 때 문벌귀족 간의 갈등과 대립 속에서 편찬된 책이고, 『삼국유사』는 일연 스님이 충렬왕 때 『삼국사기』 편찬에 대한 미흡함으로 삼국 이전의 상고사를 보충하면서 불교 관련 기록에 치중하였다.
두 사서에 백제사가 들어있다. 그리고 우리 아이들이 배우는 '한국사'에도 백제 역사가 있다.

그런데 무령왕릉을 포함해서 백제사가 너무 허술하다는 느낌이 든다.

사서(史書)의 사실성과 정직성의 문제를 제기한다

필자가 지금 쓰고 있는 '수수께끼의 무령왕릉'은 『한반도에 백제는 없었다』를 증거 하기 위해 쓰는 것이다.

'무령왕릉의 역사'를 쓰면서 느끼는 정서는 우리 '한국사'가 정직하지 않다는 것이다. 또 하나 느끼는 것은 무령왕릉에 대한 '의문 제기'를 덮으려 하는 세력이 있다는 느낌이다. 조용히 아무 일 없는 것처럼 넘어가자는 것이다.

이렇게 되면 기존 역사를 답습하자는 이야기로 끝난다.
정직하지 않은 가짜 역사를 가르치자는 말이 된다.
역사는 어차피 '기록하는 그 시점에서 왜곡되는 것'이다.

첫째, (역사는) 아무리 정확을 기해도 사실과 똑같을 수 없다는 이론이다.

둘째, (역사는) 기록자가 가지고 있는 지적 한계와 정보의 범위를 넘지 못한다.

셋째, (역사는) 기록자의 성향과 의도가 깔려 있을 때 기록자 중심의 역사가 된다.

넷째, (역사는) 기록자가 어떤 집단이나 학파에 묶여 있을 때 그 집단이나 학파의 경향성을 띠게 된다.

다섯째, (역사는) 어떤 집단이나 학파가 사회적 주도권을 가질 때, 그들에게 맞는 역사의 주장만 받아들이는 역사카르텔이 형성된다.

필자가 내세우는 다섯 가지 이론 중 네 번째와 다섯 번째 이론이 동양 3국(한·중·일)의 역사계에 숨어있는 검은 그림자라고 할 수 있다.

역사 왜곡 가능성을 배제할 수는 없지만, 이를 최소화하기 위한 노력은 역사를 사랑하는 사람이면 가져야 할 태도라고 본다.

무령왕릉의 문제, 50년 동안 풀지 못하면 영원한 미스터리가 된다

올해는 무령왕릉 발굴(1971.7.8.) 50주년이 되는 해이다. 백제 25대 왕의 묘로 확인되고 반세기가 되었는데도 아직도 우리에게 풀어주지 못한 미스터리가 많다. 왜 이렇게 50년 동안 지지부진하였을까?

그동안 무령왕릉에 대한 이의제기가 없었던 것은 아니다.

그런데 그냥 넘어가자는 기존의 안이한 세력 때문에 좌절된 것으로 본다.

이들 세력이 언론을 장악하고 역사카르텔을 형성하고 있다면 무령왕릉을 다시 본다는 학술대회장이 무슨 소용이 있나?

토론장이 개방적이냐, 정직성이 있느냐, 그리고 이설(異說)에 대해 경청의 자세가 있느냐 하는 것도 담보할 수 없다.

지금 쓰고 있는 '무령왕릉사'는 필자가 후손을 위해 족보를 쓰는 마음으로 쓰고 있다. 내 자손뿐만 아니라 내가 속한 공동체의 자손과 그 후손이 읽을 역사책으로 쓰고 있다.

한국사는 '우리'라는 공동체와 그 후손들을 위해 정직한 역사서가 돼야 한다. 특정 학파(일제 강단사학)의 이익과 보전의 수단이 된다는 것은 용납할 수 없는 일이다. 필자가 쓰는 '무령왕릉사'가 백제 전후좌우의 역사를 내다보는 창이 되기를 소망한다.

끝으로, 홍성림 편집이사님이 첫 번째 독자가 되어 칼날 같은 질문을 해 주어 책이 더욱 견고하게 다듬어진 것에 감사드리며, 학문의 벗, 홍영기 (전)교장과 역사 관련 대화 중에 영감을 얻을 수 있어 감사하고 있다.

무령왕 발굴 50주년이 되는 날 2021년 7월 8일,
홍천 여호내골 백인당에서
창도 오운홍이 쓰다.

50년만에 풀어낸
무령왕릉의 비밀

목 차

■ 머리말 ·· 4

무령왕릉의 비밀 PART. 01

1. 무령왕릉 지석이 말하는 서쪽 땅은 어디인가? ·············· 16
2. 송산리 6호분의 주인공은 누구인가? ························· 26
3. 무령왕릉 유물은 중국과 교류 흔적이 아니다 ················ 40
4. 무령왕릉 매지권이 상거래 요건을 갖춘 이유는? ··········· 50
5. 무령왕의 출생지, 가카라시마가 맞나? ······················· 63
6. 왕위 찬탈인가, 왕권 수호인가? ································ 76

무령왕릉의 비밀 PART. 02

7. 사마 융은 40세 전에 어디 있었나? ·························· 92

8. 무령왕릉 건축 기술(팀)의 행방은? ························· 106

9. 무령왕릉을 왜 한반도에 숨겼을까? ······················· 121

10. 무령왕릉 열쇠로 본 백제 ································· 137

11. 곤지왕과 무령왕과의 관계 ································ 152

- 책을 마무리 하며 ·· 174
- 찾아보기 ··· 184
- 참고문헌 ··· 188

무령왕릉의 비밀 PART. 01

무령왕릉 지석이 말하는 서쪽 땅은 어디인가? | 송산리 6호분의 주인공은 누구인가? | 무령왕릉 유물은 중국과 교류 흔적이 아니다 | 무령왕릉 매지권이 상거래 요건을 갖춘 이유는? | 무령왕의 출생지, 가카라시마가 맞나? | 왕위 찬탈인가, 왕권 수호인가?

Part. 01

1. 무령왕릉 지석이 말하는 서쪽 땅은 어디인가?

올해 무령왕릉 발굴(1971.7.8.[1]) 50주년을 맞아 문화재청과 공주시가 '무령왕의 해' 선포식을 개최(2021.2.25.)했다.

무령왕릉은 삼국시대 왕의 무덤 가운데 도굴되지 않은 채 보존되어 있어 능의 주인공과 축조연대, 내부구조, 부장 유물을 온전하게 확인할 수 있는 유일한 무덤으로서 학술적으로나 문화재적 가치가 뛰어나 발굴 당시부터 지금까지 온 국민의 관심을 받고 있다.

---

[1] 1971.7.5.은 배수로 확보 삽질 중 벽돌 모서리를 발견한 날짜이고, 이틀 후 7.7. 오후에 발굴을 시작했고, 7.8.은 지석의 백제 사마왕 기록을 보고 무령왕릉을 확인한 날짜다.

그런데 백제 25대 왕의 묘로 확인하고 반세기가 지난 아직도 우리가 풀지 못한 미스터리가 많아 이번 행사에 기대하는 바 크다.

발굴 당시 무령왕릉에서 왕과 왕비의 지석(誌石)[2]이 각각 한 매식 발견되었다.

무령왕릉 지석 앞면 (출처: 문화재청)

---

2) 죽은 사람의 이름, 생몰(生歿) 연월일, 행적, 무덤의 좌향(坐向) 등을 적어 무덤 앞에 묻는 돌.

왕의 지석은 가로가 41.5cm이고, 세로가 35cm이고, 세로로 5~6cm의 선을 새기고 선에 맞춰 글을 새겼는데 기록된 내용이 『삼국사기』〈백제본기〉의 무령왕에 대한 기록과 거의 같다.

'영동대장군 백제 사마왕께서 나이가 62세 되는 계묘년(523년) 5월 7일에 돌아가셨다. 을사년(525년) 8월 12일에 안장하여 대묘에 올려 모시며 기록하기를 이와 같이 한다(寧東大將軍百濟斯麻王年六十二歲癸卯年五月丙戌朔七日壬辰崩到乙巳年八月癸酉朔十二日甲申安爒登冠大墓立志如左).'

이 지석은 해당 무덤이 백제 무령왕릉임을 분명하게 확인해주는 백제 유물로서 역사의 이정표가 되며 백제사를 풀 수 있는 키(열쇠)가 되었다.

국사학계에 던져진 키(Key)는 무령왕릉 왕비의 지석에도 있다.

왕비의 지석도 나란히 있었는데, 가로와 세로의 길이는 무령왕의 지석과 같다. 2.5cm에서 2.8cm 폭으로 세로선을 그리고 4행의 글을 새겼다. 선은 13행을 그렸으나 남은 부분은 비워둔 채 남겼다. 526년에 왕비가 죽자 529년에 왕과 합장[3] 한다는 내용이 담겨 있다. 지석 뒷면에는 땅을 샀다는 기록이 있는데 이는 다음 기회에 소개하겠다.

왕비 지석에 새겨진 글씨체는 중국 남조의 서체를 보이고 있는데, 지석의 내용은 이렇다.

무령왕릉 왕비 지석 앞면 (출처: 문화재청)

---

3) 합장은 부부 이외에는 하지 않기 때문에 묘비에 쓰는 내용도 부부에 관한 것이라고 하겠다. 단분이든 쌍분이든 합장할 때에는 남편과 부인의 위치가 정해져 있다. 일반적으로 무덤의 앞에서 보았을 때 남자는 왼쪽에, 여자는 오른쪽에 매장하는 것을 원칙으로 삼고 있다.

'병오년 12월 백제국 왕대비가 천명[4]대로 살다가 돌아가셨다. 정서방 쪽에서 삼년상을 마치고 기유년 2월 갑오일인 12일에 다시 대묘로 옮겨서 정식 장례를 지내며 기록하기를 이와 같이 한다(丙午年十二月 百濟國王大妃壽 終 居喪在酉地 己酉年二月癸未朔十二日甲午 改葬 還大墓立 志如左).'

'병오년(丙午年, 526년) 12월 백제국왕대비(百濟國王大妃)께서 수명을 마쳤다고 한다. 이때가 성왕 4년에 해당한다. 서쪽 땅에서 상을 마치고 을유년(己酉年, 529년) 2월에 비(妃)를 대묘(왕릉)로 옮겨 장사지냈다.'고 하였는데, 이 문구에 눈에 띄는 부분이 있다.

'居喪在酉地(거상재유지, 서쪽 땅에서 상을 치루고)'라 했는데, 여기서 '서쪽 땅'이 어디일까 하는 중요한 의문을 던져 주고 있다.

국사학계는 종(終)이란 526년에 왕비가 죽고, 529년에 무령왕 봉분에 합장하기 위해 3년 동안의 빈장(殯葬)[5]을 마쳤다

---

4) 수(壽)를 다했다는 기록은 장수했다는 것이 아니라 '자연사했다'로 봐야 한다.
5) 빈장(殯葬)은 주검을 매장하기 전에 임시로 안치한 뒤에 본장을 치를 준비를

는 의미로 해석하고 있다.

 필자는 서쪽 땅에서 상을 마쳤다는 기록으로 보아 임종 전에 서쪽 땅에서 거주하지 않았나 하는 의문을 제기하는 바이다.

 서쪽 땅에서 상을 치루고(居喪在西地)의 '서쪽 땅'에 대하여 국사학계에서는 공주 정지산 유적지(사적 제474호)[6]를 지목하고 있다. 이곳은 빈장을 치르기 위해 빈전(殯殿)을 마련했던 곳이라 한다. 서쪽 땅에 대한 논란은 일단 차단된 듯 보인다.

 그러나 필자가 이에 대해 다른 의견을 제시하고자 한다.

하는 것이다. 경북 울진 후포리 세골장(洗骨葬) 유적에서 그 흔적이 확인된 것을 보면, 빈장은 신석기시대부터 있었을 것으로 보인다. 또한, 청동기시대에는 고인돌에 주검을 안치하기 위해서 고인돌의 축조 전(前) 단계에 임시로 주검을 안치하는 빈장이 행해졌을 개연성이 높다. 삼국시대 고구려에서는 "사람이 죽으면 집안에 빈소(殯所)를 마련하였고 3년이 지난 뒤에 길일을 선택해 땅에 묻었다."라는 기록이 있으므로, 고구려에서 빈장을 행했다는 것은 틀림없는 사실이다. 백제 무령왕릉에서 출토된 지석에도 3년간의 빈장 기록이 있다.

6) 공주 정지산 유적(公州 艇止山 遺蹟)은 충청남도 공주시 금성동에 자리하고 있는 백제시대 제사 유적으로 보고 있다. 2006년 11월 6일 대한민국의 사적 제474호로 지정되었다.

첫째, 묘지석이 있는 무령왕릉을 기준점으로 볼 때, 빈전이 있었다는 정지산은 서쪽이 아니라 동북쪽에 있다. 서쪽을 억지로 엮으려면 공산성에서 정지산 유적지가 북북서쪽이 된다.

국사학계에서 무령왕릉이 공산성 서쪽에 있다며 '서쪽'을 애써 변호하려 하고 있다. 방향의 중심은 지석으로 봐야 하는데 학계의 변호는 잘못된 것이다.

서쪽이라는 방향의 기준점은 망자가 묻힌 그 자리이다.

둘째, 정지산에 빈전을 과연 설치했느냐 하는 점도 의문이다.

공산성 등 여러 백제 유적 발굴 조사를 주도했던 고(故)이남석 공주대 사학과 교수는 정지산 유적에서 백제 말기에 지어진 것으로 보이는 소형 무덤 3기가 발견된 사실에 주목해 빈전설을 비판했다. 왕의 빈전이 설치된 신성한 공간에 일반인의 무덤이 들어서는 건 상식에 맞지 않는다고 봤다. 이 교수는 "왕궁(공산성)에서 정지산으로, 그리고 다시 무령왕릉으로 두 번이나 옮겨진 것치고는 무령왕 부부의 목관 상태가 비교적 온전한 것도 빈전설을 의심케 한다"고 말했다.

셋째, 또 하나 의문점은 지석이나 비석에 빈장 기간이나 빈전의 위치를 일일이 기록할 필요가 있느냐 하는 점이다. 다른 왕릉의 어떤 비석에도 그런 기록 사례가 없다. 빈전의 위치는 비석이나 지석에 남길 정도로 중요한 사항이 아니라고 본다.

넷째, 왕비가 무령왕과 함께 공산성(웅진)에 살다가 사망했다면, 무령왕릉이 코앞인데 빈장터가 어디든 '서쪽 땅이란 글자'를 굳이 새겨 넣고 강조할 필요가 있었을까 하는 점이다. 서쪽을 강조한 의도를 파악할 필요가 있다고 본다.

다섯째, 무령왕릉에서 출토된 유물과 왕릉 조성 기술을 검토할 때 왕릉이 있는 공주에서 보면 바다 건너 서쪽 땅, '월주와 그 이웃에 있던 양나라'의 물품과 기술 등이 동일하다는 것이다. 이렇게 실증적 정황이 드러났는데도 웅진 백제(?)의 것이라고 억지로 꿰어맞출 필요가 있을까?

기술교류라 주장하는 학자가 있는데 그렇다면 이후의 부여(능산리) 왕릉 기술은 왜 후퇴했을까 하는 의문이 뒤따른다.

여섯째, 양나라의 시호, 무령왕의 작호를 보면 양나라와의 관계가 밀접했음을 알 수 있다. 이는 양나라와 국경을 맞대고 있었다는 증거다. 왕의 지석에 새겨 있는 '영동대장군'은 521년(서거 2년 전) 양(梁)나라로부터 무령왕이 받은 책봉이다.

『삼국사기』〈백제본기〉에 "무령왕 21년(521년) 12월 양나라 고조(高祖)는 왕에게 조서를 보내 책봉하여 말했다. '행도독백제제군사진동대장군백제왕(行都督百濟諸軍事鎭東大將軍百濟王) 여륭(餘隆)은 바다 밖을 지켜 울타리가 되었으며 멀리 와서 조공을 바치고 그 정성이 지극함에 이르니 짐은 이를 가상히 여긴다. 마땅히 옛 법에 따라 이 영예로운 책명을 수여하여 사지절도독백제제군사영동대장군(使持節都督百濟諸軍事寧東大將軍)으로 삼는다.'"고 했다.

중국에서 주어지는 작호는 아무에게나 주어지는 것이 아니다. 31명의 백제왕들 중에 작호를 받은 왕은 근초고왕, 동성왕, 성왕, 위덕왕 등이다. 한반도와 중국 대륙과 교류를 했다고 주어지는 작호가 아니라 국경을 접하고 있는 강대국이 주변 소국을 관리하는 선린 외교 정책의 하나라고 본다.

이렇게 무령왕릉 왕비 표지석에 새겨진 '居喪在酉地(서쪽 땅에서 상을 치루고'라는 문구가, '무령왕릉 탐구 여행'을 시작하는 계기가 되었다.

다수의 사람들은 백제와 무령왕릉에 대해 관심이 높다. 그리고 궁금한 점도 많다. 국사계는 백제사를 풀수 있는 키(Key)를 덮으려 하지 말고, 이번 '무령왕의 해' 관련 학술 대회를 통해 백제사를 재조명하는 계기로 삼았으면 한다.

2. 송산리 6호분의 주인공은 누구인가?

　무령왕릉 발견과 발굴은 기적이고, 국사학계는 물론 우리나라에게도 천운이라고 본다. 지금부터 50년 전, 1971년 7월 5일, 이때는 장마로 분묘 천장에 누수 우려가 있었다. 공주 송산리 6호분 벽화에 물이 스며들지 않도록 배수로 공사 도중 인부의 삽날에 느닷없이 벽돌이 걸렸다는 소식이 문화재관리국을 거쳐 문화공보부(문화체육관광부의 전신)로 긴급 보고됐다. 발굴단이 긴가민가하며 파 들어간 무덤 입구가 완연히 드러나자 바로 옆 6호분과 똑같은 양식의 전축분(벽돌무덤)이 드러났다.

송산리 6호분 내부, 관대가 하나뿐이다.
사신도가 그려 있었던 벽면에 회칠한 자국이 보인다.

이글에서 주목되는 것이 6호분이다. 또 새로 발견된 무령왕릉의 건축 양식이 6호분과 똑같다는 점이 호기심을 더욱 부추긴다.

첫째, 송산리 유적 1~5호분은 모두 굴식돌방무덤(橫穴式石室墳)인데, 6호분과 무령왕릉은 터널형 벽돌식 무덤이다.

둘째, 무덤의 내부 구조가 널길과 널방으로 이루어진 한 칸 무덤[單室墓]이다.

셋째, 두 무덤의 크기가 비슷하다는 점이다. 무령왕릉의 전체 규모는 내부(널방)로 통하는 널길의 길이가 2.9m이며, 높이는 1.45m이고 너비가 1.04m이다. (관대가 있는) 널방은 남북의 장축면이 4.2m이며, 동서의 길이가 2.72m이고 바닥에서 천장까지의 높이는 제일 높은 곳이 3.14m에 이른다. 이에 비해 6호분의 널방은 남북의 길이 3.7m, 동서 너비 2.24m이다. 규모는 무령왕릉에 비해 약간 적으나 분묘의 구조는 같다.

넷째, 내부 벽면에 등잔을 올려놓는 등감(燈龕)이 있는 것도 닮은 꼴이다.

6호분과 무령왕릉을 비교하여 다른 점을 찾는다면,

첫째, 6호분에는 관대가 하나인데, 무령왕릉은 왕과 왕비의 관이 2개 있다.

둘째, 6호분은 네(4) 벽면의 벽돌 위에 회를 바르고 사신도(四神図, 청룡·백호·주작·현무)를 그려놓았다. 그런데 무령왕릉에는 사신도가 없다.

사신도 중 백호 (출처: 웅진백제역사관)

이와 같은 6호분에 대해 국사학계가 정리해 놓은 '6호분 해설문'을 보면, '송산리 6호분의 가장 큰 특징은 벽돌무덤으로 고구려와 같은 사신도가 있다는 점이다. 무덤 내부는 길이가 3.7m, 폭이 2.2m이고 천장은 터널형이다. 네 벽에 사신도가 그려져 있어 송산리 벽화 고분이라고도 한다. 6호분의 사신도는 웅진시대 유일한 벽화이자 부여 능산리 동하총 벽화와 함께 백제의 대표적인 고분 벽화이다. 6호분 유물은 잘못된 발굴과 도굴로 인해 거의 남아 있지 않으며 관대 1기만 남아 있어 한 사람만 안장된 것으로 보이는데, 무령왕과 관계가 깊은 인물로 보이나 정확히는 알 수 없다.'(송산리 6호분 전시실 설명 중에서)

　6호분의 주인공은 누구일까?

　무령왕과 관련이 깊은 사람이라면 무령왕의 출생과 관련이 있는 곤지왕, 무령왕의 모친, 무령왕의 첫 부인(순타태자의 모후), 성왕의 생모를 들 수 있다.

　주인공을 찾기 전에 먼저 생각해 볼 일은 무령왕릉과 6호분이 재료와 구조가 같으므로 같은 시기에 건축된 것으로 보인다. 같은 시기에 건축되었다 하더라도 무령왕릉이 먼저 터를 잡았고 이어서 6호분을 완성한 것 같다. 왜냐면 5호분과 6호분 사이의 좁은 공간에 무령왕릉이 끼어 있는 배열이기 때문이다. 5호분은 6호분에 비해 기술적으로 뒤떨어져 있는 것으로 보아 무령왕릉 건축 이전에 있었던 기존 분묘라는 추측이 가능하다. 따라서 5호분에 잇대어 무령왕릉을 건축했고 다시 6호분을 이어서 건축한 것으로 보인다.

다음으로 생각해 볼 것은, 누가 두 분묘를 건축했을까 하는 점이다. 누가 분묘 기술자들에게 명령을 내리고 비용을 지원했을까? 두말할 것 없이 무령왕의 아들로서 대를 이은 성왕이라고 본다. 그렇다면 6호분의 주인공은 무령왕과 성왕과 관계가 깊은 사람이 아닌가 한다.

무령왕릉의 지석으로 보아 6호분에도 무덤의 주인공을 밝히는 지석이 분명히 있었을 것이다. 6호분의 지석을 찾으면 될 일이지만 지석을 포함한 모든 유물이 도굴되어 찾을 수 없다.

우리에게 널리 알려진 대로 공주 근처의 유적은 일제강점기 공주고보 일본어 교사로 있었던 일본인 가루베 지온(輕部

慈恩, 1897~1970)에 의해 샅샅이 털렸다. 가루베는 공주를 떠날 무렵인 1940년 스스로 "백제 고분 1,000기 이상을 조사했다"고 말하기도 했다. 가루베는 6호분에서 관대만 남기고 빗자루로 쓸어가듯 모조리 남김없이 가져간 것이다. 당시 일본인에게 가루베가 어떻게 보였을지 모르지만 조선인에게는 틀림없는 '도둑놈 선생'이었다.

6호분의 주인공을 알아낼 수 있는 실마리가 발견됐다. 1971년 무령왕릉에서 발견된 치아의 주인공은 쉽게 풀리지 않은 수수께끼였다. 발굴 당시 유물을 삽으로 퍼서 가마니에 담을 정도니 발견된 치아가 왕의 것인지, 왕비의 것인지도 알 수 없었다.

이 치아를 분석한 치과 전문의 소견에 의하면, 치아는 치관만 있는 하악 좌측 사랑니라는 것과 사망 당시 17세 여성으로 추정됐다. 치아의 주인공은 왕이 아니라 왕비라고 단정할 수 있다.

무령왕이 사망할 때 왕비의 나이는 15세 정도였다. 왕비의 나이로 볼 때, 무령왕릉에 합장된 왕비는 성왕의 어머니가 분명 아니다.

이에 대해 학계에서는 논쟁이 계속되고 있다.

KBS(1TV) 역사스페셜(2003.5.3. 20:00-21:00 방영)에서 '무령왕릉 어금니 한 개의 비밀'이란 주제로 방영된 바 있다.

기획 의도는 60대 왕과 젊은 왕비의 관계가 상식적으로 볼 때 이해할 수 없다는 것이다. 역사스페셜에 출연한 학자들이 21세기의 시각에서 당시의 통념을 바라보고 있다. 방송에서는 『일본서기』에 나온 백제 성왕의 죽음에 관한 기록을 근거로 하여 어금니의 주인공은 무령왕의 둘째 부인, 즉 40대 초반인 성왕의 어머니일 가능성이 높다 하였다.

치아는 하나인데 소견은 몇 갈래로 나누어진다. 성인도 발육이 정지된 사랑니가 관찰(확률적으로 매우 낮다)되기에 사랑니만으로 연령을 17세로 단정 짓기에는 근거가 부족하다고 했다.

그 당시의 사회 통념에 대한 연구는 없다. 하지만 비슷한 시기 (신라) 경주의 황남대총에서 발견된 치아 28개중 12개는 60세 전후 남성의 것이고, 나머지 16개는 15세 전후 여성의 것으로 밝혀졌다. 황남대총 역시 왕과 왕비의 무덤으로 보고 있다. (나)왕의 주인공이 누구인지 확실하지 않지만 17대 내물왕, 19대 눌지왕, 20대 자비왕, 21대 소지왕까지 후보군이 무려 4명이나 된다. 『삼국사기』〈신라본기〉 소지왕 조에, 왕과 16세 소녀 '벽화(碧花)'와의 사랑 이야기가 기록되어 있는데 당시 지배자만의 삶이라고 보는 해석은 현대적 시각의 한계라고 본다.

당시 15세는 징집이 가능한 성인 연령이다.

『삼국사기』〈백제본기〉 '무령왕23년(523년) 봄 2월에 왕은 한성으로 행차하여 (중략) 한수 북쪽 주·군 사람으로서 나이 열다섯 살 이상 된 사람을 징발하여 쌍현성(雙峴城)을 쌓았다'는 기록이 있다. 이보다 앞서 동성왕 '12년(490년) 가을 7월에 북부 사람으로서 나이 열다섯 살 이상 된 사람들을 징발하여 사현(沙峴)과 이산(耳山) 두 성을 쌓았다'는 기록이 있다.

당시 15세 연령이면 징발할 수 있는 성인으로 본 것이다. 삼국시대 평균수명이 20~30살인데 이를 감안하면 15세는 어엿한 성인이다. 그런데 현대적 시각에서 상식에 맞지 않는다는 잣대로 역사를 재단하다 보니 정작 '역사의 실증자료'를 보고도 달리 해석하여 다른 결론에 이르고 있다.

　이렇게 현대적 고정관념으로 역사를 해석하기 때문에 국사학계는 한 발자국도 못 나가고 있는 것이다. 또 하나 덧붙이면 왕비의 지석에 수(壽)를 다했다는 기록은 장수했다는 의미가 아니라 '자연사(自然死)했다'로 봐야 한다.

　독자들은 필자가 왜 '하나의 치아(어금니)'에 대해 관심을 표명하느냐 하며 의문을 던지겠지만, '역사란 있는 그대로 알고 파악해야 한다'는 점을 강조하고 싶다.

　무령왕과 젊은 여성의 관계 규명은 당장 6호분의 주인공을 찾는 열쇠이기도 하지만, 이글 이후에 전개되는 '무령왕의 갑작스러운 의문의 사망'과 '송산리에 묻힌 사연'과도 연관이 있기 때문이다.

　송산리 고분에서 아치형 천장묘는 무령왕릉과 6호분뿐인데, 무령왕릉 옆에 있는 6호분은 관대(棺臺)가 하나인 것에 대해 일부 사학자는 곤지왕이나 무령왕의 첫째 부인 즉 순타(純

陀)태자[7]의 모후(母后)로 보고 있다.

앞에서 소개한 KBS(1TV) 역사스페셜에서는 '어금니(사랑니) 한 개'를 무시하고 왜곡한 결과, 무령왕릉에 합장된 왕비를 성왕의 모후로, 6호분의 주인공을 무령왕의 첫째 부인 즉 순타태자의 모후능으로 방영하였다.

그런데 무령왕이 갑자기 사망했을 때 순타태자의 자손과 가족은 야마토 왜에 있었고, 사망에 따른 장례를 비밀[8]에 부친 때라, 그런 상황에서 서자 명농(성왕)이 순타태자의 모후를

---

7) 순타태자(純陀太子, 생년 미상~514)는 무령왕의 맏아들로 서기 504년(무령왕 4년) 야마토(왜)에 인질로 끌려가서 왜에 정착한 후 왜의 여성과 혼인하여 호우시노 기미(法師君)를 낳았고, 514년 왜에서 사망했다. 『일본서기』에 의하면, '7년(505) 여름 4월 백제(사마)왕이 사아군(斯我君)을 보내어 조(調)를 바쳤다. 따로 표를 올려 "전에 조(調)를 바친 사신 마나(麻那)는 백제국주(百濟國主)의 골족(骨族)이 아닙니다. 그러므로 삼가 사아(斯我)를 보내어 조정을 섬깁니다"라 하였다. (사아는) 드디어 아들이 있어 법사군(法師君)이라 하였는데 곧 야마토노 키미(왜군, 倭君)의 선조이다(七年 夏四月 百濟王遣斯我君進調 別表曰 前進調使麻那者 非百濟國主之骨族也 故謹遣斯我 奉事於朝 遂有子 曰法師君 是倭君之先也). 그리고, 가을 8월 계미삭 무신일(26일), 백제 태자 순타가 죽었다(秋八月癸未朔戊申 百濟太子淳陀薨).'

8) 장례를 비밀에 붙인 사연을 이 책 후반에서 밝히고자 한다.

6호분에 모셨다고는 볼 수 없는 일이다.

또 하나 명농(성왕[9])이 서자라는 문헌[10] 기록이 있는데, 성왕은 정식 왕비의 소생이 아닐 수 있다. 특히 왕릉에 합장된 왕비는 연령대로 보아 성왕과 모자지간이 될 수 없다고 본다.

왕과 왕비를 한 능에 합장할 때, 왕후가 낳은 아들이 왕이 되면 자신을 낳은 어머니를 아버지인 왕과 함께 합장하면 된다. 하지만 자신을 낳은 어머니가 왕후가 아닌 경우에는 누구를 부왕과 합장해야 할까?

---

9) 『삼국사기』〈백제본기〉에 '성왕의 이름은 명농이니 무령왕의 맏아들이다.'로 기록하고 있는데 『일본서기』의 순타태자가 어엿이 존재하는 것으로 보아 『삼국사기』의 '맏아들' 기록은 잘못된 것으로 본다. 필자는 본 책 6. 왕위 찬탈인가, 왕권 수호인가? 에서 무령왕(25대)은 동성왕(24대)의 둘째 아들이 아님을 분명히 밝혔다. 『삼국사기』〈백제본기〉 무령왕(25대)조 첫머리에는 '무령왕의 이름은 사마(斯摩)- 혹은 융(隆)이라고도 한다-이며 모대왕(24대 동성왕)의 둘째 아들이라고 기록하고 있다. 이처럼 삼국사기는 왕위 계승을 직계의 장자론 혹은 계승론에 집착하는 경향이 있다. 『삼국사기』〈백제본기〉의 왕위 계승 기록은 신뢰성이 떨어진다고 볼 수 있다.

10) 〈고구려사략〉 안원대제편 참조

왕의 능에는 왕후(王后)를 합장하는 것이 법도다. 예를 들어 (어떤) 임금이 애첩을 애지중지하여 사후에 함께 묻히기를 원했다 하더라도 이미 망자가 되어 아무것도 할 수 없는 주검이라, 자손과 신하는 법도를 따른다는 것이다. 따라서 공식적인 왕후가 왕 옆에 묻혀야 한다. 반면 왕을 낳은 그 어머니 역시, 다른 왕비들과는 달리 그에 버금가는 예우가 필요하다고 본다.

필자는 6호분의 주인공에 대해, 무령왕이 젊은 왕비를 맞이하기 전에 이미 사망한 성왕의 모후를 이장한 것으로 본다. 무령왕릉에서 나온 어금니의 주인공은 공식적인 젊은 왕후가 틀림없다.

그런데 KBS(1TV) 역사스페셜, '어금니(사랑니) 한 개'에서 "어금니를 정밀분석한 결과 무령왕비는 나이가 들어서라도 사랑니가 나오지 않았을 가능성이 있다." 하였는데, 어떤 이유에서 사랑니가 나오지 않는지 구체적 사례를 밝히지 않았다. 특이한 사례라며 일반적 특징을 무시하고 검증이 안 되는 특정 사례를 괴변처럼 내놓고 있다. 학자의 주장인지, KBS(1TV)의 추측인지 밝히지 않고 있다.

유인촌의 내레이션은 계속된다.

"그렇다면 무령왕비의 나이를 17세로 보기에는 무리가 있어 보인다. 오히려 '발굴보고서'처럼 30대일 가능성이 더 큰 것으로 볼 수 있다."고 말한다.

필자는 KBS(1TV) 역사스페셜에 이의를 제기한다.

내레이션에서 언급한 '발굴보고서'에 무슨 의학적 근거가 있는지, 또 과학적 근거가 있는지 묻고 싶다. 그릇된 확증 편향으로 역사를 도배하는 것은 아닌지 의심스럽다.

이렇게 실증의 역사를 단순히 21세기 상식의 잣대로 실증 유물(어금니)을 덮어버린다면, 그로 인해 이어지는 역사를 제대로 볼 수 없게 되고 또 다른 왜곡의 역사가 나오게 된다. 무령왕릉에 합장한 젊은 왕비는 성왕의 모후가 분명히 아니라고 본다.

성왕은 모후릉(6호분)을 마련하여 부왕의 옆에 모시고, 수호신인 사신도를 그리도록 하여 외로운 모후를 배려하는 마음이 스며있었을 것이다.

3.
무령왕릉 유물은
중국 교류 흔적이 아니다

무령왕릉에서 출토된 유물은 모두 4,600여 점에 이른다.

연도(羨道, 무덤으로 들어가는 길) 입구에서 동발(銅鉢, 놋으로 된 밥그릇)과 청자육이호(靑磁六耳壺, 청자 항아리 모양의 단지), 지석(誌石) 2매와 오수전 세 꾸러미, 석수(石獸, 돌로 짐승 모양을 본떠 만든 조각) 등이 발견되었다. 현실(玄室, 시신을 안치하는 널방)의 남쪽에도 동발과 청자육이호가 쓰러져 있었으며, 관대 위에는 동편에 왕의 목관이 있고 그 서편에는 왕비의 목관이 썩으면서 쓰러져 서로 유물이 겹쳐져 있었다. 목관의 판재들 밑에서는 왕과 왕비가 장착하였던 장신구와 부장유물이 흩어져 있었다.

무령왕릉 출토 중국 남조 양식의 청자육이호. 높이 18cm (출처: 국립공주박물관)

중요 장신구로는 왕이 소지한 것으로 보이는 금제관식(金製冠飾) 1쌍(국보 154호), 금귀걸이[金製耳飾] 1쌍(국보 156호), 금제뒤꽂이[金製釵] 1점(국보 159호), 은제과대(銀製銙帶) 외 요패(腰佩) 1벌, 금동식리(金銅飾履) 1쌍, 용봉문환두대도(龍鳳文環頭大刀)와 금은제도자(金銀製刀子) 각 1점, 발받침[足座] 1점(국보 165호) 등과 왕비가 착용한 것으로 보이는 금제관식(金製冠飾) 1쌍(국보 155호), 금귀걸이 2쌍(국보 157호), 금목걸이[金製頸飾] 2개(국보 158호), 은팔찌[銀製釧] 1쌍(국보 160호), 금팔찌 1쌍, 금은장 도자(金銀裝刀子) 2개, 금동식리 1쌍, 베개[頭枕] 1점(국보 164호) 등이 출토되었다. 그 밖에 지석 2매(국보 163호)과 청동제품으로 신수문경(神獸文鏡)·의자손명수대문경(宜子孫銘 獸帶文鏡)·수대문경(獸帶文鏡: 이상 국보 161호) 등의 각종 거울과 청동제 접시형 용기, 청동완(靑銅椀), 청동개(靑銅蓋), 수저, 젓가락, 다리미 등이 있고, 기타 도자 제품으로서 등잔이 있다. 이 가운데 1974년 7월 9일에 국보로 지정된 것만도 12종목 17건에 이른다.

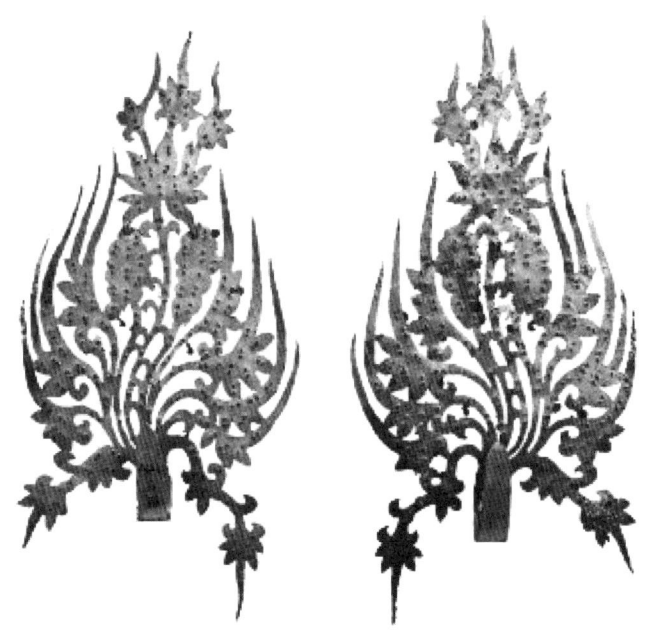

무령왕의 금제관식

국보 제154호로 지정된 금제관식은 무령왕의 왕관장식이라 할 수 있다. 한 쌍으로 된 얇은 순금판 위에 불꽃 모양의 문양을 예리한 조각으로 도려내었다. 127개의 달개들을 금실로 꼬아 매달았다.

이처럼 금으로 된 금귀걸이, 금제 뒤꽂이, 금목걸이, 금팔찌 등 금세공 기술의 진수를 보여주고 있는데, 국사학계는 삼국시대 중 백제 장인들이 예술적 감각과 금속 공예 기술 수준이 매우 높았다고 평가하고 있다.

이밖에도 수많은 유리구슬이 나왔는데 '화학 성분 분석 결과 인도 남부나 태국산일 가능성이 제기됐다.[11]

이와 관련하여 〈중앙일보〉(2021.2.24)에 의하면, 무령왕릉에서 발굴된 다양한 부장품은 당대 동아시아 무역 교류에 중요한 시사점을 안긴다고 보고 있다. 정재윤 교수는 "중국제 청자·동전꾸러미, 일본산 금송으로 된 관 재료, 동남아 원료인 구슬 유물 등을 통해 6세기 백제의 위상을 재확인할 수 있다"

---

11) 조선일보, '50년전 오늘, 한국 고대사의 블랙박스가 열렸다, A18. 2021.7.8.

고 설명했다.

권오영(국사학) 서울대 교수도 "6세기 전반은 백제, 양나라(중국), 일본 간에 유례없이 교류가 활발하던 시기"라면서 "한·중·일, 나아가 동남아까지 학문과 예술이 교류한 흔적이 무령왕릉에 고스란히 남아 있다"고 짚었다. 2015년 유네스코 세계문화유산에 송산리 고분군을 포함한 '백제역사지구'가 등재됐을 때도 이 같은 '백제 유물의 세계성'이 적극적으로 강조됐음은 물론이다.

최장열 국립공주박물관 학예연구실장은 "고대 역사서인 『삼국사기』나 『삼국유사』가 신라 위주로 쓰인 데다 백제 유적이 극히 적은 편인데, 무령왕릉 덕에 백제사 연구가 비약적으로 성장했다"고 강조했다.(출처: 중앙일보 2021연재, 국보만 17점 '백제 블랙박스'…12시간 만에 날림 발굴. 2021.2.24.)

필자는 이들 학자와 다른 견해를 갖고 있다.

당시 백제가 중·일, 나아가 동남아까지 교류를 통해 학문과 예술을 발전시켰다는 데에는 공감한다. 상업적 교역을 통해

'청자육이호'나 '흑갈유장경사이병(黑褐釉長頸四耳瓶)' 등 남조의 것으로 보이는 중국 도자기가 수입되었을 가능성도 있다. 그리고 이와 같은 도자기들이 왕실은 물론 왕족(귀족)들도 유사한 청자를 사용했을 개연성을 부인할 수 없다.

물론 왕족의 분묘들이 근·현대에 와서 모두 도굴되어 부장품 중 중국 도자기가 전부 사라졌을 가능성도 있을 수 있겠다. 그러나 청자육이호와 비슷한 중국 도자기가 모두 온전하게 무덤으로 가는 것도 아니다. 사용 중에 깨질 수도 있고 개인의 곳간에 보존될 수도 있다.

그런데 현 공산성이나 공주 시가지 일대에서 이와 유사한 중국 도자기의 깨진 파편 한 조각도 출토되지 않고 있다. 과연 중국과의 문물 교류의 흔적으로 볼 수 있는지 의문이다.

또 하나 미스터리가 있다. 무령왕릉 연도의 입구에서 발견된 지석(誌石) 위의 오수전 세 꾸러미에 대해서도 같은 맥락에서 분석해 보면 이해할 수 없는 일이 있다. 국사학계는 백제가 왕성한 중·일 교류를 통해 당시 웅진성(공산성)에서 사용하던 화폐로 보고 있다.

화폐는 기능성 면에서 왕족만 사용하는 것이 아니라 서민들에게도 널리 통용되는 것인데, 한반도 오수전 발견 분포도에 보면 현 공주 지역은 물론이고 충청지역 전역에서 오수전 발굴 사례가 없다.

이를 어떻게 해석해야 할까?

웅진성에서 오수전이란 돈을 사용하지 않았다는 결론에 도달할 수 있다.

성왕이 공산성(웅진)에서 무령왕의 묘소를 마련하기 위해 오수전을 일부러 수입한 것인가? 아니면 무령왕이 오수전을 사용하던 지역에서 살다가 이곳에 묻힌 것일까?

이 또한 무령왕릉의 미스터리 중 하나라고 본다.

또 하나 이해할 수 없는 출토품이 있다.
왕비의 은제 팔찌이다.

결정적 증거는 글자가 새겨진 용 장식의 은제 팔찌다. 왕비의 왼쪽 손목 부분에서 발견되었다. 팔찌 안쪽에는 만든 때와 만든 사람의 이름, 팔찌의 주인 등 제작 연유에 대한 글씨가 세로 방향으로 새겨 있다.

무령왕릉 출토 유물 중 글자를 새긴 용무늬 은제 팔찌.
팔찌 안쪽에 대부인(大夫人)을 위해 '다리'라는 장인이 만들었다고 새겼다.
(출처: 국립공주박물관)

그 내용은 '경자년(庚子年, 520년) 2월, 다리(多利)라는 사람이 대부인(大夫人), 즉 왕비를 위하여 230주이를 들여 만들었다(庚子年 二月多利作大夫人分二百主耳)'는 기록이다. 여기서 230주이는 금과 은의 무게 단위로 추정된다. 국립공주박물관 해설에 의하면, 제작자 '다리(多利)'는 양나라 때 금은(金銀) 세공의 장인(匠人) 이름이다. 왕비를 위해 손목 사이즈에 맞게 특별히 주문 제작된 것이라는 설명이다.

이와 다른 주장도 있다. 기호철 문화재청 문화재 전문위원 (전 서울의대 선임 연구원)은 (2021.1.4.) 〈동양일보〉와의 인터뷰에서 "다리작은 왕비 이름 또는 왕비를 지칭하는 대명사일 가능성이 가장 높고, 원문처럼 '모든 이를 이롭게(多利)'라는 의미로 해석도 가능하다"며 "적어도 '다리라는 장인이 만들었다'는 기존 학설에는 동의하기 어렵다"고 밝혔다. 기 전문의원은 "문장 구조상 다리작이 뒷문장 '大夫人(대부인)'까지 이어지는 것으로 볼 때 왕비가 곧 다리작 대부인(多利作大夫人)일 가능성이 크다"며 "특히 '중생을 이롭게 한다'는 뜻의 다리는 불경에 자주 등장하는 용어로, 대부인의 궁호(宮號)와 같은 존칭으로 쓰였을 개연성도 크다"고 짚었다.

기호철 전문위원은 또 다른 해석으로 '다리작'이 존칭이 아니라 뒤따라 온 '대부인'을 수식하면서, '만백성을 이롭게 만든'이라는 뜻으로 왕비를 칭송했을 가능성을 제시했다. 또한 위원은 이같은 주장의 근거로 최근까지 발굴·고증을 거친 한·중·일 삼국의 금석문 중 소유자가 있는 기물에 장인의 이름을 먼저 새긴 경우는 한건도 없다는 사실을 들었다.

박물관의 해설과 기호철 위원의 주장 중 어느 쪽이 맞는지는 더 연구해볼 과제라고 생각한다. 어쨌든 한반도에서 수입한 양나라 명품이라면, 팔찌의 사이즈 맞춤과 팔찌에 특정한 명문을 새겨넣을 수 없는 일이다. 이쯤 되면, 무령왕릉이라는 한정된 공간에서 엿볼 수 있는 문화의 흔적은 중국 양나라와 그 이웃 문화의 자취라 할 수 있다.

국사학계와 문화재청은 무령왕릉 발굴(1971.7.8.) 50주년을 맞아 문화재청과 공주시가 '무령왕의 해' 선포식을 개최(2021.2.25.)했고, 백제 '갱위강국(更爲强國)[12]' 1,500년의 뜻깊은 해를 맞아 각종 행사를 계획하였다. 송산리 고분군 등 공주시 일원에서 이벤트성 관광 상품 개발에 초점을 두더라도 백제사를 다시 살펴보는 계기가 되었으면 한다.

---

12) 갱위강국: 양서(梁書) '백제전'에 따르면 "누파구려 갱위강국"(累破句驪 更爲强國·백제가 고구려를 여러 번 격파하고 다시 강한 나라가 되었다)이란 기록이 있다.

4.
무령왕릉 매지권이
상거래 요건을 갖춘 이유는?

무령왕릉의 발굴은 삼국시대 어느 무덤에도 없던 유물의 절대 편년을 제시함으로써 백제 역사의 이정표로서의 자리를 확고히 하고 있다.

왕의 지석에 있는 '영동대장군 백제 사마왕께서 나이가 62세 되는 계묘년(523년) 5월 7일에 돌아가셨다(寧東大將軍百濟斯麻王年六十二歲癸卯年五月丙戌朔七日壬辰崩).'는 기록과 『삼국사기』〈백제본기〉에 '23년(523년) 왕이 3월에 한산으로부터 수도로 돌아왔다. 여름 5월에 왕이 세상을 떠났다. 시호를 무령(武寧)이라 했다.'는 기록이 있다. 무령왕 원년조에 무령왕의 이름은 사마(斯摩) 혹은 융(隆)이라 했다. 발굴된 지석과 문헌사가 정확히 일치한다.

이와 같은 지석 내용을 보면, '명함'을 내밀며 내가 이런 사람이오 하듯이 자기 소개를 하는 것처럼 보인다. 왕비의 지석이면에 새겨진 소위 '토지 매지권' 역시 우리에게 '이런 사연'이 있다는 또 다른 메시지를 전하는 것 같다.

왕비의 지석 뒷면, 매지권 (출처: 국립공주박물관)

지석의 내용을 보면, '돈 1만 매 이상 1건, 을사년(525년) 8월 12일 영동대장군 백제 사마왕은 상기의 금액으로 토왕, 토백, 토부모와 상하 여러 관리에게 이천석으로 남서 방향의 토지[신지, 申地]를 매입해서 능묘를 만들었기에 문서를 작성하여 뚜렷이 증거를 삼으니 모든 율령(법령)에 구애받지 않는다(錢一万文右一件 乙巳年八月十二日 寧東大將軍 百濟斯麻王 以前件錢 詢土王 土伯土父母上下衆官二千石 買申地爲墓 故立券爲明 不從律令).'는 것이다.

묘터로 삼기 위하여 분명히 돈을 주고 산 땅임을 명시하고 있다.

이에 대해 학자 중에는 왕이 관장하던 영토인데, 실제로 돈을 주고 산다는 것은 말이 안 된다는 일이라며 지석의 내용과 다른 주장을 하고 있다.

매지권(買地券)의 의미를 축소하는 주장 중에, 하나는 왕과 왕비의 지석 위에 놓은 '오수전(돈) 꾸러미가 돈 1만 매를 대신한다며 토지신으로부터 이 땅을 샀다'는 일종의 '토지매매문서(매지권)'로 보는 견해와 또 하나는 매지권이 중국 고대로부터 내려오는 장속(葬俗)이라며 묘지에 대한 신의 보호를 기원하는 주술적 풍습이므로 돈 지불과 관계없이 장례 절차에 따라 형식적으로 기록된 것으로 보는 견해를 주장한다.

이는 매지권 기록에 의미를 두지 말고 대충 넘어가자는 의도로 보인다.

이들 학자와 달리 필자는 오수전 꾸러미를 '노잣돈'으로 보며, 지석의 '매지권'과는 별개라고 본다.

왕과 왕비의 지석 위에 놓여 있는 오수전 꾸러미 (출처: 국립공주박물관)

무령왕릉에서 나온 오수전(五銖錢)은 양나라 무제 4년(523년) 때 주조된 철전(鐵錢)으로 밝혀졌다. 양나라 화폐가 실제로 공주 땅에서 사용됐는지, 오수전 꾸러미는 무엇을 뜻하는지, 매지권을 특별히 작성한 의도가 있는지 살펴볼 필요가 있다.

첫째, 발굴된 오수전이 철전(鐵錢)이어서 양나라 화폐임이 분명해졌다.

학자들은 무령왕 당시 해상교역이 활발하여 양나라와의 문물 교류 흔적이라고 한다. 그렇다면 백제 웅진(공산성)에는 자체 화폐가 없었고 양나라 화폐를 사용했다고 봐야 한다. 실제로 『삼국사기』나 『삼국유사』 어디에도 백제가 화폐를 발행했다는 기록이 없다.

공산성에서 양나라 화폐를 사용했다면, 왕실과 귀족은 물론 이들과 거래를 하는 상인들도 사용했을 개연성이 있다. 따라서 현 공주 지역을 포함한 인근 충청도 지역에서 오수전이 단 한 닢이라도 발견돼야 한다. 그런데 오수전 발굴 사례가 없다는 것이 '미스터리 중의 미스터리'라고 본다.

참고로 한국민족문화대백과사전에 의하면, '서울풍납토성에서 오수전 1점, 강릉 초당동에서 오수전 2점, 여수 거문도에서 오수전 980점, 창원 다호리유적에서 오수전 3점, 창원 성산에서 오수전 1점, 사천 늑도 유적에서 오수전 1점, 경산시 임당동에서 오수전 3점, 영천시 용전리 돌널무덤에서 오수전 3점, 제주시 산지항에서 오수전 4점, 이 밖에도 제주도 출토품으로 전하는 제주도 민속자연사박물관 소장의 오수전 11점, 신안 해저 침몰선에서 오수전 2점이 발견되었다.' 이들 오수전은 양나라 철전이 아니라 한나라의 동전 오수전이다.

이를 종합하면 공산성에서는 양나라 화폐를 전혀 사용하지 않았다는 결론에 이르며, 성왕이 무령왕릉 조성을 위해 양나라에서 오수전을 가져왔다고 볼 수 있다.

철전 오수전은 양나라와의 물물교류 흔적이 아니다.

둘째, 오수전 꾸러미는 무엇을 뜻하는가?

고대 중국의 장속 문화에는 돈을 관 속에 넣는 습속이 있고 '낙양의 북망산(北邙山)'[13]이라는 개념이 있다.

이와 관련지어, 20세기에 와서 중국의 동북공정[14]으로 밝

---

13) 중국 하남성(河南省) 뤄양시 북쪽에 있는 작은 산 이름이다. 뤄양은 B.C. 11세기에 주(周)나라 성왕(成王)이 이곳에 왕성을 쌓은 이래 후한(後漢)을 비롯한 서진(西晉). 북위(北魏). 후당(後唐) 등 여러 나라의 도읍지로서 역사적으로 번창하였던 곳이다. 그만큼 뤄양에는 많은 귀인과 명사들이 살았으며, 이들이 죽은 뒤. 대개 북망산에 묻히고 있어 이곳에는 한나라 이후의 역대 제왕과 귀인. 명사들의 무덤이 많이 있다. 이와 같은 연유로 어느 때부터인가 북망산이라고 하면 무덤이 많은 곳. 사람이 죽어서 가는 곳의 대명사처럼 쓰이게 되었고, 지금도 [북망산천(北邙山川)] 하면 무덤이 많은 곳. 즉. 사람이 죽어서 가는 곳. [북망산 가는 길] 하면 사람의 죽음을 뜻하는 말로 쓰이고 있다. 현실세계(現實世界)의 북망산(北邙山)으로써 말하는 북망산(北邙山)은 결국 영계(靈界)의 북망산(北邙山)을 말하는 것이다.

14) 중국 정부에서 동북 지역에 대한 역사를 연구하는 과제 이름이다. 동북변강역사여현상계열연구공정(東北邊疆歷史與現狀系列研究工程)을 줄인 말로, '동북 변경지역의 역사와 현상에 관한 체계적인 연구 과제'를 뜻한다. 이 연구를 통해 중국은 고구려의 역사를 중국역사로 편입하려고 시도하고 있다.

혀진 홍산(랴오허)문명의 발굴 중에 홍산(紅山)문화[15]의 대표적 유적으로 꼽히는 뉴허량[牛河梁] 유적지(BC3500 추정)의 제2지점 1호 적석총 제21호 무덤에서 상투한 피장자 발굴을 눈여겨봐야 한다. 상투는 동이의 문화이다. 피장자는 옥으로 치장한 모습이다. 이 유적은 중국 문명 발생 이전에 존재했던 문명이다.

이보다 앞서 1만년 전에 베링해협을 건너 북아메리카로 간

즉, 중국은 한족(漢族)을 중심으로 55개의 소수민족으로 성립된 국가이며 현재 중국의 국경 안에서 이루어진 모든 역사는 중국의 역사이므로 고구려와 발해의 역사 역시 중국의 역사라는 주장이다. 즉 고구려를 고대 중국의 지방 민족 정권으로 주장하고 있다. 동북공정은 1983년 중국 사회과학원 산하에 변강역사지리연구중심이 설립된 이후 1998년 중국 지린성 통화사범대학 고구려연구소가 '고구려 학술토론회'를 개최하면서 본격적으로 추진되었다. 2001년 6월 동북공정에 대한 연구를 계획하면서 2002년 2월 18일 중국 정부의 승인을 받아 공식적으로 동북공정이 시작되었다. 홍산(랴오허)문명의 발굴은 동북공정에 포함된다.

15) 연대는 BC4700~BC2900년 경으로 지금까지 츠펑(赤峰, 발견 당시엔 열하성), 링위안(凌源), 젠핑(建平), 차오양(朝陽) 등 500여 곳의 유적을 찾아냈다. 발견 지역은 옌산산맥의 북쪽 랴오허 지류의 서 랴오허 상류 부근에 널리 퍼져 있다. 홍산문화는 옥(玉) 문명(文明)으로 유명하며 홍산(랴오허)문명에 포함 된다.

인디언의 언어 중에 동이어[16]가 남아 있으며, 아스텍문명(멕시코)에도 상투 문화와 죽은 사람의 입에 노잣돈으로 옥구슬을 넣어주고 자정이 되어 제사를 지내는 풍습이 있다.

앞에서 소개한 중국의 장속 문화 - 뉴허랑 유적지의 상투와 옥(玉)치장 유적 - 아스텍 문명의 상투와 노잣돈 - 한반도의 장례문화를 하나로 이으면 '북두칠성 (신앙) 문화'로 연결할 수 있다.

---

[16] 아메리카 인디언문명과 아스텍문명의 언어도 우리 언어와 비슷하다. 손성태 교수가 쓴 『우리 민족의 대이동』에 의하면, 인디언 언어에 'yag i itta'(야기이따)라는 말이 있다. 미국 학자들은 이 문장을 'I have medicine'이란 의미라 한다. 인디언 언어를 연구하는 학자들은 이를 인디언 언어의 기본 문장으로 삼아, 다른 문장을 해석하는 데 원형으로 삼고 있다. 우리는 소리만 들어도 '야기 이따'를 '약이 있다', '나는 치료약이 있다'로 알아듣는다. 우리와 똑같은 언어이기 때문이다. 아스텍문명의 원주민들 언어에 '다마틴이'(tlamatini, 다 맞히는 사람, 점쟁이, 예언가)나 '나 그 다조타'(na c tlazota, 나 그것이 다 좋다)와 같이 쉽게 알아들을 수 있다. 심지어 '태백(tepec, 산)'과 '다치할 태백'(tlachihual tepec, 피라미드, 손으로 지은 산)이란 말이 그대로 남아있어, 우리나라 고기(古記) 연구에도 도움을 주고 있다. 태백은 고유명사가 아니라 일반명사인 것을 알 수 있다. 따라서 우리 상고사에서 태백산이 어디인가 찾을 필요가 없는 일이다. 또한 이들 조상은 '산(山)'이라고 하는 한자음이 발생하기 이전에 베링해협을 건너갔다고 추론할 수 있다.

북두칠성(北斗七星)을 줄여서 두성(斗星)이라 하는데 두(斗)는 북두칠성을 뜻한다. 상투를 한자로 표기하면 상투[상두上斗]인데, 북두칠성을 머리에 이고 사는 삶을 의미한다. 이는 중앙아시아 고대 문명과 연관된다(『고대사 뒤집어 보기』 pp.258~272. pp.302~316).

　우리 말에는 사람이 죽으면 '돌아갔다'고 말한다. 무덤에 묻힌 망자가 떠나온 곳으로 돌아간다는 말이다. 생전에 아무리 영민했다 하더라도 망자는 눈과 귀가 멀어졌고 혼미한 처지가 되어 칠성판을 지고 북두칠성을 찾아가야 한다. 밤에만 북두칠성을 보고 찾아가야 하니 얼마나 많은 시일(7일×7)이 걸리겠으며 노잣돈은 얼마나 많이 있어야 하는지를 동이(東夷)의 조상은 그렇게 생각해왔다.

　망자가 자기를 점지해 준 삼신할머니가 산다는 북두칠성에 찾아가려면 북망산에 북두칠성이 하늘에서 회전하다 걸치는 시각을 기다려야 한다. 이것이 북두칠성 전설이다. 이런 생각은 동이족이 갖는 사고의 세계이고 아마도 스탄(-의 땅)의 본향, 고대 중앙아시아인의 의식 세계가 아닌가 한다.

무령왕릉에서 발굴된 오수전은 동이의 전통, '노잣돈'으로 본다. 지석에 새겨진 매지권과는 다른 개념이다.

무령왕도 동이의 문화와 전통 속에서 살았던 것 같다.

셋째, 매지권을 작성한 의도가 무엇인가를 밝히는 일은 백제사 연구의 핵심이라고 본다.

매지권을 단순하게 상례의 절차로 본다면, 지신(地神)에게 고(告)하는 간단한 의식 내용을 지석에 새기면 될 일인데, 지석의 내용을 분석해 보면 상거래 행위의 요건이 제대로 갖추어진, 매우 '실제 상황'이라고 볼 수 있다.

1) 돈 1만 매 이상 1건, [매매 가격]
2) 을사년(525년) 8월 12일(능묘 안장일), [매매 날짜]
3) 영동대장군 백제 사마왕은, [매수자 지칭]
4) 상기 금액으로 토왕, 토백, 토부모와 상하 여러 관리에게, [매도자 측]
5) '남서 방향의 토지(신지)'를 매입해서 능묘를 만들었기에 [매매 물건 및 매입 목적]
6) 문서를 작성하여 뚜렷이 증거를 삼으니 [문서 작성 이유]

7) 모든 율령(법령)에 구애받지 않는다. [권리 보전의 단서 조항]으로 본다.

특히 6)항과 7)항은 요새 말로 '토지 등기부 등본(권리증)'이라 할 수 있다. 그리고 7)항의 내용은 훗날 파묘에 대비하여 권리 보전을 명시한 것으로 보인다. 실제로 1971년 무령왕릉 발굴로 파묘가 되었을 때 발굴 단원에게, 그리고 이를 지켜본 우리에게 1)에서 6)항까지의 기록이 사실이며 정당함을 말하는 것이라고 본다. 다시 살펴보자.

3)항의 [매수자]는 망자의 이름으로, 2)항의 안장된 [날짜]에, 4)항의 [매도자]인 토왕, 토백, 토부모와 상하 여러 관리에게, 1)항의 돈 1만 매 이상의 [매매 가격]을 주고, 5)항의 [물건]인 능묘의 터를 샀다는 6)항의 [문서 기록]이다. 망자의 이름으로 계약과 소유권이 성립됐다고 볼 수 있다.

그런데 이해할 수 없는 부분이 있다.

하나는 1)항의 돈(1만 매)의 행방이다. 오수전 10,000문이면 상당량의 화폐인데, 이후 유물로 출토된 사례가 전혀 없다는 점에서 추정하면 실제로 지불하지 않은 것으로 보인다. 오수전이 발견되지 않는 점을 고려할 때, 당시 공주 지역에서 사용하지 않는 화폐라는 점, 그래서 그 가치에 상응하는 (금, 은의 제품) 물품으로 대신했을 것으로 본다.

또 하나 이해할 수 없는 것은 4)항의 매도자를 밝혔다는 점이다.

지신(地神)이 아니라 '토왕, 토백, 토부모와 상하 여러 관리'라 했다. 그런데 무령왕을 이은 성왕이 지배하는 땅인데 토왕은 대체 무엇을 말함인가?

토왕을 지신으로 본다면 토백과 토부모, 상하의 여러 관리를 왜 구체적으로 거명한 것인가?

공주 공산성을 백제 웅진성으로 본다면 해답을 낼 수 없다.

그런데 공산성이 백제 웅진성이 아니고, 백제는 다른 곳에 있었다면 모든 문제가 쉽사리 풀리며 선명하게 해결된다. 무령왕과 왕비가 공주 공산성에 살지 않았다면, 우선 양나라와

교역의 흔적이라는 양나라 오수전이 한반도에서 발굴되지 않았다 해서 이상한 일이 아니다.

매지권에 나오는 1만 전(錢)의 일부가 공주 지역에서 한 닢도 출토되지 않는다고 해서 의심할 필요가 없다. 당시 공주 지역에서 사용되지 않는 화폐 대신 다른 상응의 대가를 받았다면 가능한 일이다.

매지권에 나오는 매도인 '토왕, 토백, 토부모와 상하 여러 관리'는 백제와 무관하게 '토왕은 공주 지역을 포함한 이곳을 다스리는 왕국의 왕을 말하고, 토백은 이곳 공주 지역을 관장하는 지역 책임자이며, 토부모는 땅의 주인을 말하며 상하중관(上下衆官)은 이 지역의 행정관료로 본다.

특히 신지(申地)는 구체적으로 남서 방향의 땅을 밝히고 있다. 그렇다면 그와 반대로 북동 방향에 있는 매매자와 계약이 성사됐다는 말이 된다. 매매 계약이 매우 구체적이다.

이처럼 구체적으로 매지권을 작성한 의도가 뭔가? 신지의 땅은 분명 무령왕의 영토가 아니라고 본다.

5. 무령왕의 출생지, 가카라시마가 맞나?

제19회 무령왕 탄생제(2020.7.21.)가 '무령왕국제네트워크 협의회'의 주관으로 공주 무령왕릉 경내 백제 연못에서 열렸다. 무령왕릉 탄생제는 지난 2002년부터 일본 가카라시마에서 개최되어왔으나 코로나 바이러스19의 영향으로 부득이 공주 땅에서 열리게 된 것이다.

제19회 무령왕 탄생제 (출처: 공주시)

그간 가카라시마 섬 주민들은 매년 6월에 무령왕 탄생제를 지내왔으며, 이때 우리나라 공주시의 교류단이 일본을 방문하여 공연 등 양국의 교류 행사를 가져왔다.

무령왕이 태어난 곳이 일본 열도라니, 왜 그곳에서 출생하였을까?

무령왕이 461년 6월 가카라시마(加唐島)에서 태어났다고 기록한 『일본서기』를 보면, 축자(후쿠오카)의 각라도(各羅島)로 표기되어 있다. 『일본서기』 웅략 5년(461년) 6월 기사에, '6월 1일에 임신한 부인이 가수리군(加須利君, 개로왕)의 말처럼, 축자(筑紫·츠쿠시)의 각라도(카라노시마)에서 아이를 낳았다. 그래서 아이 이름을 도군(島君)이라 하였다. 이에 군군(軍君, 곤지昆支)이 곧 배에 태워 도군을 본국으로 돌려보냈다. 그가 곧 무령왕(武寧王)이다. 백제 사람들은 이 섬을 주도(主島)라 불렀다.'

가카라시마는 일본 규슈 사가(佐賀)현 히가시마쓰우라(東松浦) 반도 앞쪽 끝자락에 위치한다. 요부코(呼子)항에서 북서쪽으로 7.5km 떨어진 작은 섬으로 행정구역은 가라쓰(唐津)시에 속한다. 가카라시마는 1971년 한반도에서 무령왕릉이 발굴되면서 『일본서기』가 기록한 무령왕의 출생지로 각광을 받게

되었다. 섬의 동쪽 해안가에 무령왕이 태어난 작은 동굴이 있으며 연씨 부인이 출산하며 이용한 우물터도 근처에 있다.

무령왕 출생지를 기념해 결성된 '무령왕국제네트워크'는 공주시와 가라쓰시의 시민으로 구성된 순수 민간 풀뿌리 교류단체이다. 2002년 일본에서 무령왕 탄생기념 국제심포지엄을 개최하면서 본격적으로 교류를 시작한다. 이 해는 아키히토 일왕이 2002년 한·일월드컵 개최를 앞두고 기자회견에서 밝힌 "천황가와 무령왕은 혈연관계가 있다"는 소위 '연고(緣故) 발언'[17]이 알려지며 교류는 더욱 활성화되었다고 한다.

무령왕이 각라도에서 태어나게 된 연유가 무엇인가?

백제의 개로왕 즉 가수리군과 관련 있는 기사가 『일본서기』 웅략 5년(461년) 4월에도 있다. '백제의 가수리군(개로왕)이 즉위하자 일본의 웅략 천황은 사신을 보내 축하하면서 왕비

---

17) 2001년 12월 23일 아키히토(明仁) 일왕이 68세 생일을 맞아 왕실에서 기자 회견을 갖는 자리에서 있었다. "나 자신으로서는 간무 천황(50대 천황, 재위 781~806년)의 생모가 (백제) 무령왕의 자손이라고 '속일본기(續日本紀)'에 기록돼 있어 한국과의 인연을 느끼고 있습니다."

감인 미녀를 청한다. 개로왕은 모니부인(慕尼夫人. 무니하시카시. むにはしかし)의 딸 지진원(池津媛)을 단장해 보낸다. 그러나 지진원은 입궁에 앞서 다른 남자와 정을 통해, 천황의 대노를 사서 정부(情夫)와 함께 화형을 당한다.

소식을 들은 개로왕이 천황을 달래기 위해 아우 곤지에게 왜로 건너가 천황을 보필하라고 명하자, 곤지는 대가(deal)로 왕의 부인을 청한다. 개로왕은 임신한 부인을 주며 말한다. "부인은 이미 산달이 됐다. 만일 가는 길에 출산하면 어디에 있든 (아기를) 배 한 척에 실어 속히 본국으로 돌려보내도록 하라."는 사연이다.

이 기사(웅략 5년 4월)는 이보다 3년 전(458년 7월)의 기사, 즉 백제가 여인을 천황에 바쳤는데 불미스러운 결과가 들어있다는 『백제신찬(百濟新撰)』을 인용한 것이다. 개로왕이 아우 곤지 왕자를 야마토 왕조에 보낸 것은 기사(己巳)년의 불미스러운 일에 대한 책임 이행조치라고 본다.

개로왕의 아우 곤지가 목적지(왜국)에 도착하기 전에 만삭인 형수가 출산했고 그곳에 시마(무령왕)의 모자를 남겨 놓은 채 곤지(군군)는 야마토 정권에 도착하여 그간 행적을 소상히 밝혔을 것이다.

『일본서기』는 출산한 각라도를 규슈 후쿠오카의 축자(筑紫·츠쿠시) 앞바다에 있다고 기록한 것이다. '아이 이름을 도군(島君)'이라 했는데, 도군이란 도왕(島王)을 말한다. 섬에서 태어난 왕이란 뜻이다. 일본어로 섬을 뜻하는 '시마(しま)'를 음차하는 과정에서 사마로 바뀌었을 것이다. '시마' 혹은 '사마'는 무령왕의 어릴 적 이름이라 한다.

개로왕의 동생 군군(軍君, 곤지昆支)의 항로에 대해, 20세기의 한·일 역사학자들의 공통된 의견은 일본으로 가는 길이 한반도의 남해안을 거쳐 쓰시마(對馬) – 이키(壹岐) – 가카라시마 – 가라쓰 – 규슈였을 것으로 보고 있다.

실제로 이곳 가카라시마에는 백제 '무령왕 탄생지'를 기리는 기념탑이 있다. 조금 엉성하긴 해도 무령왕이 태어났다는 해안 동굴과 아기 무령왕을 씻겼다는 우물도 보존돼 있다.

그런데 필자가 의문을 제기하는 것은 곤지의 항로 중 개로왕 부인이 '시마를 출산했다는 각라도가 일본 열도 규슈에 있는 가카라시마인가?'라는 물음이다.

첫째, 이유가 중국 사서에 기록된 야마토 왜의 위치가 중국 동해안에 있는 월주 이남의 땅이기 때문이다.

중국의 사서 『삼국지(三國志)』와 『후한서(後漢書)』에 왜인(倭人)이 왜(倭)라는 명칭으로 나온다. 왜(倭. 衛)가, 동북 회계(會稽), 동남 대만(臺灣), 서북 담이(儋耳: 廣西省), 서남 주애(朱崖), 해남도(海南島: 하이난 섬) 사이에 있다 하였다. 『후한서』〈왜전〉에 관계된 지명으로 회계(會稽), 주애(朱崖), 담이(儋耳), 이주(夷洲), 단주(澶洲)가 있는데 회계(會稽)는 절강성(浙江省), 담이(儋耳)는 귀주성(貴州省), 주애는 해남도(海南島), 단주(澶洲)는 항저우(杭州) 입구이다, 그리고 이주(夷洲)는 바로 대만(臺灣= 타이완)을 나타내고 있다.

둘째, 『일본서기』의 일식 기록 중 가장 오래된 일본의 일식 기록(628~709년)을 20세기에 와서 천문학자 박창범 교수가 분석했다. 이 시기는 일본의 야마토(大和) 시대에 해당한다. 일식 관측지는 동경110-126°, 북위12-26°이다. 이 지역은 대만,

중국의 하이난섬, 푸젠성(福建省), 필리핀의 루손섬이다.

놀랍게도 중국의 사서가 밝힌 왜의 위치와 일식 기록 분석이 일치한다. 왜가 자기네 국사(일본서기)를 기록할 수준으로 갖출 때까지 중국 남부의 푸젠성과 타이완섬, 광둥성과 하이난섬을 왜인의 근거지로 봐야 한다. 참고로 일본 열도인 규슈나 혼슈가 관측지로서 일식을 기록한 시기는 1189~1326년 사이이며 가마쿠라(鎌倉) 시대에 해당한다. 이는 야마토 왜(倭)가 아스카(飛鳥) 시대(592~710년)[18] 이후에 일본 열도로 이동했다는 추측을 낳게 한다.

셋째, 필자의 책, 『한반도에 백제는 없었다』에서 백제는 중국 동해안의 산둥반도를 중심으로 존재했음을 밝혔다. 이곳에서 곤지가 출발했다면, 중국 동해안은 수심이 얕고 물살이 세지 않아서 임신부를 실은 곤지의 항해가 비교적 순조로웠을 것이다. 참고로 한반도 서해안이 동남해안보다 경사도가 낮아서 조수간만의 차가 크다고 알고 있는데 〈황해안의 해저

---

18) 아스카 시대 구분에 대해, 일본 문화사는 AD538~710년으로, 일본 정치사는 AD592~710년으로 쓰고 있다.

지도)를 분석해 보면, 중국의 동해안은 한반도의 서해안 보다 대륙붕의 경사도가 덜 비스듬히 발달 되었음을 알 수 있다. 한반도 서해안보다 중국 동해안은 물살이 약하여 항해하기 순조롭다. 곤지가 찾은 곳이 월주 이남의 땅이고 무령왕이 태어나고 자란 곳은 그곳으로 가기 전, 월주 땅이 아닌가 한다. 일본 규슈의 가카라시마는 아니라고 본다.

『일본서기』에는 무령왕이 태어나자 곧바로 본국(한성)으로 돌려보낸 것으로 기록돼 있다. 하지만, 당시의 육아 환경을 감안 할 때 곤지가 야마토에 입궁하면서 '아기'가 어느 정도 성장(젖을 뗄 정도)하면 돌려보내겠다고 했을 것이다.

그러나 그 말은 지켜지지 않은 것 같다. 개로왕이 고구려 장수왕에게 죽임을 당한 때가 475년이고 보면, 그때 사마 융의 나이는 14살의 소년이다. 아기가 돌려 보내지고 자라서 한성에 있었더라면 왕족인 융이 살아남지 못했을 것이다.

사마 융은 곤지의 지원으로 저장성과 상하이 지역에서 터를 잡았을 것이다.

무령왕의 출생기록은 「일본서기」 〈웅략기〉 말고도 〈무열기〉에도 나온다. 무령왕의 아버지를 곤지왕으로 설명하고 있다.

고대사 소설의 정재수 작가는 남당 유고의 〈고구려사략〉에 연(燕)씨로 기록된 개로왕의 부인은 원래 곤지왕의 여인으로 보고 있다. 그러나 어떤 사유로 곤지왕과 혼인하지 못하고 개로왕의 후궁이 된다. 특히 곤지왕은 연씨 부인의 임신 사실을 알고도 막무가내 일본으로 데려가겠다는 뜻을 굳히지 않는다.

연씨 부인은 개로왕이 아닌 곤지왕의 아이를 임신하고 있기 때문이 아닌가도 추측할 수 있다.

필자가 또 하나 미스터리로 보는 것은 『삼국사기』 〈백제본기〉 20대 비유왕 29년(455년) 9월에 검은 용이 한산에 나타나고 왕이 세상을 떠났다는 기록을 왕의 시해 사건으로 본다. 이를 이어받은 개로왕(21대) 조에 보면, 즉위 원년(455년)에서 14년(468년)까지 활동기록이 없다는 점이다.

이 기간에 비유왕의 적통으로 추측되는 곤지왕과 검은 용의 지원을 받은 개로왕 간에 치열한 정권 다툼이 있었던 것 같다. 왕권의 이동에 따라 개로왕이 곤지왕의 여인 연씨를 빼앗아 후궁으로 삼을 수도 있는 가능성은 열려있다.

〈백제본기〉에 기록된 개로왕의 활동 연대는 469년부터이다.

그 이전 461년에 곤지왕을 일본에 파송시켜 정적을 고립시켜 정국의 안정을 꾀한 것 같다. 당시 곤지의 나이는 30대 초반으로 본다. 『일본서기』 권14 웅략기 5년에 '가을 7월 군군이 경에 들어왔다. 이미 다섯 명의 아들이 있었다. 백제신찬에서 말하였다. 신축년, 개로왕이 아우 곤지군을 내 보내어 대왜에 가서 천왕을 모시게 하였다. 형왕의 수호를 닦았다.(秋七月 軍君入京 旣而有五子 百濟新撰云 辛丑年 蓋鹵王遣弟昆支君 向大倭 侍天王 以脩兄王之好也)'

『일본서기』의 기록이 왜의 찬양 중심이기는 하지만, 왜의 천왕에 대해 곤지에게는 형 '개로왕의 왕'으로서 모시게 했던 것으로 보인다.

여기서 461년 이전 곤지왕과 개로왕이 패권을 두고 다투던 때의 백제 국내 정세를 가늠할 수 있다. 친왜(親倭)의 개로왕과 친려(親麗)의 곤지왕과의 세력 다툼에서 친왜의 개로왕이 승리한 것으로 보인다. 그리고 개로왕은 왕권을 차지했지만 정권 창출에 무력지원을 해 준 왜나라에 코가 꿰어 있었다고 할 수 있다.

당시 백제는 고구려의 속국이었다.

〈광개토왕비문〉에 '백잔(百殘)과 신라는 예부터 고구려 속민(屬民)으로 조공을 해 왔다.'는 기록이 있다. 일부 사학자들이 비문을 만든 장수왕의 과장된 표현이라 하면서 비문을 애써 폄하하지만 다른 기록이 이를 교차로 증명하고 있다.

박창화의 유고집, 〈고구려사략〉 안원대제(23대)편에 '명농(明禯, 후일 성왕)이 연희(燕喜)를 보내서, 명마와 미녀를 바쳤으며, 신하의 도리를 저버렸던 것을 사죄하였다. 명농에게 입조하라 명을 내렸다(〈明禯〉遣〈燕喜〉献名馬·美女 以謝失臣之禮 乃命〈明禯〉入朝.)'는 기록이 있다. 무령왕을 거쳐 성왕 때까지도 속국의 관계가 유지되고 있었다는 반증이다.

『환단고기』〈태백일사〉에 보면, '장수홍제호태열제(長壽弘濟好

太烈帝, 장수왕)는 신라 (왕)매금(寐錦)과 백제 (왕)어하라(於瑕羅)와 남쪽 평양에서 만나 납공(納貢)과 수비 군사의 수를 정했다'는 기록이 있다. 이는 신라와 백제가 고구려의 속국이라는 증거이다.

이로 보아, 광개토왕에 굴복한 아신왕 때도 이와 같은 약정이 있었을 것이고, 그 이후 매년 납공한 것으로 보인다. 백제 아신왕 이후 진지왕이나 구이신왕, 비유왕, 개로왕에게도 이 문서의 약속이 적용되고 지켜졌을 것이다. 백제 아신왕이 고구려 광개토왕에게 항복하는 자리에서(무릎을 꿇고) '이제부터 영구히 고구려왕의 노객(奴客)이 되겠다고 맹세'한 항복 문건이 있었을 것으로 보인다.

그런데 이는 『삼국사기』나 『삼국유사』에서 찾아볼 수 없는 기록이다.

신라의 후예라고 밝힌 김부식이 『삼국사기』 편찬 책임자로서, 신라도 잠시 고구려의 속국이었는데 이를 역사 기록에서 외면한 만큼, 백제가 고구려 속국이었음을 굳이 드러낼 필요가 없다고 생각한 것 같다. 나중에 『삼국유사』를 쓴 (김) 일연 스님도 비슷한 정서였을 것이다.

그렇지만 국사학계는 진실의 역사를 다수의 국민에게 제공할 의무가 있다.

역사란 자랑하기 위해 가르치고 배우는 것이 아니라 역사의 교훈에서 미래의 진로를 바르게 얻기 위해 가르치고 배우는 것이기 때문이다.

국사학계는 무령왕릉 50주년을 맞아 비전공자이지만 역사의 시선이 훌쩍 커버린 다수의 독자와 국민을 위해 성의있게 설명해줄 사명을 잃지 않았으면 한다.

6.
왕위 찬탈인가, 왕권 수호인가?

무령왕(25대)은 동성왕(24대)의 둘째 아들이 아니다

『삼국사기』〈백제본기〉 무령왕(25대)조 첫머리에 '무령왕의 이름은 사마(斯摩) - 혹은 융(隆) - 이며 모대왕(24대 동성왕)의 둘째 아들이다. 키가 여덟 자나 되고 눈썹과 눈이 그림 같고 성품이 인자하고 관후하여 민심이 그에게 돌아갔다. 모대왕이 왕위에 오른 지 23년 만에 세상을 떠나자 뒤를 이어 왕위에 올랐다(武寧王 諱斯摩-或云隆- 牟大王之第二子也 身長八尺 眉目如畵 仁慈寬厚 牟大在位二十三年薨 卽位).'는 기록이 있다. 이때는 무령왕 원년으로 501년에 해당한다.

국보163호 영동대장군 백제 사마왕이 새겨진 묘지석 (출처: 문화재청)

무령왕릉이 발굴되면서 지석에 기록된 '영동대장군 백제 사마왕께서 나이가 62세 되는 계묘년(523년) 5월 7일에 돌아가셨다(寧東大將軍百濟斯麻王年六十二歲癸卯年五月丙戌朔七日壬辰崩).'의 내용과 『삼국사기』〈백제본기〉에 '23년(523년) 왕이 3월에 한산으로부터 수도로 돌아왔다. 여름 5월에 왕이 세상을 떠났다. 시호를 무령(武寧)이라 했다.'는 기록이 일치한다.

이를 토대로 역산으로 계산하면 무령왕은 40세에 왕위에 올랐다고 할 수 있다.

25대 무령왕의 전 왕(24대) 동성왕은 곤지(昆支)의 아들로서, 14세의 어린 나이에 즉위했다. 그는 담력이 뛰어나고, 활쏘기에 능했던 것으로 전해진다.[역사스페셜(KBS-1TV)/동성왕 피습사건의 전말, 2009.9.12. 방영]

동성왕이 481년에 즉위하여 23년(523년)에 시해를 당했으니 그때 나이가 37세라 할 수 있다. 523년을 기준으로 볼 때 동성왕의 나이는 37세이고, 뒤를 이어 왕위에 오른 무령왕의 나이는 40세가 된다.

〈백제본기〉 무령왕 조의 기록, 모대왕의 둘째 아들이라는 기록은 분명히 잘못된 것이다.

무령왕이 동성왕보다 3살 정도 연장자로서 두(2명) 용(龍)이 아마도 다른 곳에서 동시대를 협력과 경쟁의 관계로 살지 않았나 본다.

『삼국사기』〈백제본기〉 무령왕 조에, 동성왕의 서거에 무령왕이 발 빠르게 대응했다는 기록이 있다.

'모대왕이 재위 23년에 돌아가시자 그가 왕위에 올랐다. 봄 정월, 좌평 백가가 가림성(加林城)을 거점으로 반란을 일으키니 임금(무령왕)이 병사를 거느리고 우두성(牛頭城)에 이르러 한솔 해명(解明)을 시켜 토벌하게 하였다. 백가가 나와서 항복하자 임금이 백가의 목을 베어 백강(白江, 금강)에 던졌다(牟大在位二十三年薨 卽位 春正月 佐平苩加 據加林城叛 王帥兵馬 至牛頭城 命扞率解明討之 苩加出降 王斬之 投於白江).'

이 일을 두고, 현대 사학자 중에는 반란자 백가가 너무 쉽게 투항한 것은 '뒤를 봐주는 어떤 세력이 있는 게 아니냐?' 하며 무령왕의 배후설을 제기하는 학자도 있다. 그리고 무령왕이 투항한 백가(苩加)가 이실직고할 틈도 없이 재빨리 처형하여 입막음했다는 거다. 다시 말해 동성왕 시해 사건에 무령왕도 관련이 있다고 보는 '왕위 찬탈' 주장이다. 이러한 주장은 동성왕이 민심을 잃고 있었다는 기록에 근거한 듯하다.

필자는 이와 달리 '왕권 수호'라는 차원에서 살피고자 한다.

동성왕의 시해 사건을 '백제국의 정체성'과 '당시 당면한 국제 정세면'에서 검토해야 할 문제라고 본다.

백제는 시작부터 상업 국가로 출발했다.

백제의 시조 온조왕의 어머니, 소서노(召西奴)는 거상 연타발(延陀勃)의 딸이다. 소서노는 주몽을 도와 고구려를 건국했고, 유리(18세)의 출현으로 왕위 계승에서 밀려난 온조(13세)와 비류(17세)를 데리고 졸본성을 떠나 백제라는 또 하나의 나라를 건국한 여걸[정치가]이다.

고구려 건국 때 주몽에게 막대한 군(정치)자금을 내어 도왔고, 백제를 창업할 때 소요되는 정치자금 또한 연타발과 소서노로 이어지는 교역 루트의 상권에서 충당되었을 것이다. 소서노는 뛰어난 정치가이지만 그에 못지않게 교역 루트를 관리하는 장사꾼의 시야를 갖추고 있었다고 보여진다.

어린 온조를 앞세워 자리 잡았다는 도읍지 위례성의 위치는 졸본성에서 남행하여 패수(浿水, 지금의 난하)와 대수(帶二水, 지금의 조백하)를 건넜다 했다는데, 그곳이 현 북경 동부지역[19]이라고 본다.

---

19) 오운홍, 『한반도에 백제는 없었다』, pp.64~69.

그곳은 현대에 와서도 육지 교역로의 중심지이다. 비류가 자리 잡았다는 동남쪽 해안가의 미추홀이 당시 계절성 해하(海河)라는 자연재해로 인해 실패로 끝났지만, 해상교역 루트의 전진 기지로 지목하지 않았나 하여 다시 연구해볼 과제라고 본다. 소서노의 꿈, 해상 무역을 꽃피운 것은 그로부터 500여 년이 지난 후의 무령왕 때라고 할 수 있다.

소서노가 꿈꾼 상업 국가의 특징은 어떤 형태의 국정 운영일까?

먼저 소서노는 부친 연타발 때부터 관장하던 해상교역 루트를 더욱 확대시켰을 것이다. 이 루트는 22담로국과도 연결된다.

상업국가의 특징은 국부(國富)와 이재(理財)가 우선이고 안보를 담당하는 군대는 최소화하면서 예기치 못하는 장소에서 발생하는 안위 문제는 돈을 주고 용병으로 해결한다는 인식이다.

바로 '맞춤형 용병'을 필요에 따라 운용했을 것이다. 상업 국가의 국토 개념은 강역 국가가 아니라 선(장삿길)으로 이어지는 영역 국가의 개념이다. 이 점에서 장삿길 어느 부분이 무너지면, 때와 장소 그리고 필요한 인원에 따라 한시적으로 용병을 주문하여 해결하면 되었을 것이다.

『삼국사기』〈백제본기〉와 〈광개토왕비문〉을 읽다 보면 백제의 용병에 대해 직접 언급하지는 않았지만 그 이면에 흐르는 행간을 읽으면 백제의 용병이 보인다.

먼저 〈백제본기〉 근초고왕 때(369년) 새로 개척한 한수 남쪽의 땅에서 황색 깃발을 쓴 것[20]과 『일본서기』 신공황후 49년(369년)의 기사[21]가 너무 일치한다. 근초고왕이 한수 남쪽의

---

20) 『삼국사기』〈백제본기〉 근초고왕 조, 26년(371년)에 '도읍을 한산(漢山)으로 옮겼다(移都漢山)'고 했다. 이보다 2년 전, '24년(369년) 겨울 11월에 한수(漢水) 남쪽에서 왕이 친히 군사를 사열했는데, 기는 모두 황색을 썼다'(二十四年冬十一月 大閱於漢水南 旗幟皆用黃)고 했다.

21) 『일본서기』〈신공황후〉에 보면 근초고왕이 등장하고, 만났다는 기록이 있다. 신공황후(神功皇后) '49년(249?+60+60=369) 봄 3월에 황전별(荒田別)과 녹아별(鹿我別)을 장군으로 삼아 구저(久氐) 등과 함께 군대를 거느리고 (바다를) 건너가 탁순국(卓淳國)에 이르러 장차 신라를 습격하려고 하였다. 이때 어떤 사람이 "군대가 적어서 신라를 깨뜨릴 수 없으니, 다시 사백(沙白)·개로(蓋盧)를 보내어 군사를 늘려 주도록 요청하십시오"라고 하였다. (이에) 곧바로 목라근자(木羅斤資)와 사사노궤(沙沙奴跪)〈두 사람은 그

땅을 이양받은 대가가 무엇인지 생각하면 쉽게 답이 나오는 문제이다.

또 〈광개토왕비문〉에도 용병을 암시하고 있다. 광개토왕이 몸소 수군을 이끌고 출병한 목적을 밝히고 있다. 비문에 따르면, 백제가 오래전부터 왜와 밀통하여(百濟先與倭密通) 왜인이 신라를 침범한 것은 왜가 백제의 보좌(補佐) 역할(倭人百濟之介也)을 했기 때문으로 보는 것이다. 백제와 왜병의 연결을 주시했

성(姓)을 모른다. 다만 목라근자는 백제 장군이다)에게 정병(精兵)을 이끌고 사백·개로와 함께 가도록 명하였다. (그리하여) 함께 탁순(국)에 모여 신라를 격파하고, 비자발(比自㶱)·남가라(南加羅)·녹국(喙國)·안라(安羅)·다라(多羅)·탁순(卓淳)·가라(加羅)의 7국을 평정하였다. 또한 군대를 옮겨 서쪽으로 돌아 고해진(古奚津)에 이르러 남쪽의 오랑캐 침미다례(忱彌多禮)를 무찔러 백제에게 주었다. 이에 백제 왕 초고(肖古)와 왕자 귀수(貴須)가 군대를 이끌고 와서 만났다. 이때 비리(比利)·벽중(辟中)·포미지(布彌支)·반고(半古)의 4읍이 스스로 항복하였다.(卌…九年春三月, 以荒田別·鹿我別爲將軍, 則與久氏等共勒兵而渡之, 至卓淳國, 將襲新羅。時或曰「兵衆少之, 不可破新羅。更復, 奉上沙白·蓋盧, 請增軍士」卽命木羅斤資·沙々奴跪是二人不知其姓人也, 但木羅斤資者百濟將也, 領精兵, 與沙白·蓋盧共遣之, 俱集于卓淳, 擊新羅而破之, 因以平定比自㶱·南加羅·喙國·安羅·多羅·卓淳·加羅七國。仍移兵西, 至古奚津, 屠南蠻忱彌多禮, 以賜百濟。於是, 其王肖古及王子貴須, 亦領軍來會。時比利·辟中·布彌·支半·於是, 其王肖古及王子貴須, 亦領軍來會。時比利·辟中·布彌·支半·古四邑, 自然降服。)'라는 기사가 있다.

던 것 같다.

왕의 출병 결과 백제·신라·가락의 여러 나라가 모두 조공을 계속하여 (고구려에) 바쳤다고 한다. 이 출병 기사는 광개토대왕비문에 기록된 영락 6년(396년)의 일로 보며, 백제 아신왕으로부터 항복문서를 받아낸 때라고 본다.

백제가 상업 국가의 안위 문제를 용병으로 해결했다 하지만 취약점도 있게 마련이다. 용병을 제공하는 나라로부터 내정 간섭의 영향도 있고, 용병의 침투가 손쉬운 경로를 따라 이를 끌어들여 나쁘게 이용하는 세력이 있다면 내란에 휩싸일 확률도 높을 것이다. 그 한 예로 흑룡(黑龍)의 침투 기록이 2곳에서 보인다.

〈백제본기〉 비유왕(20대) "29년(455년) 9월 '흑룡'이 한산[한강]에 출현하고, 잠깐 사이에 안개와 구름으로 어두워지자 용이 날아가버렸다. 왕이 세상을 떠났다(二十九年 秋九月 黑龍見漢江 須臾雲霧 晦冥飛去 王薨)."

이는 왕의 시해 사건으로 본다. 이 일로 곤지왕이 불리해지고 개로왕(21대)이 왕권을 쥐게 된다.

문주왕(22대) 3년(477년) 5월에도 '흑룡'이 웅진에 나타난다. 7월에 내신좌평 곤지가 암살된다. 이일은 다음 해(478년) '9월에 왕은 사냥을 나가 밖에서 잤는데 해구가 도적을 시켜 문주왕 시해(九月 王出獵 宿於外 解仇使盜害之 遂薨)'로 이어진다.

삼근왕(23대) 2년(478년) 봄에 좌평 해구가 은솔 연신과 함께 배반하자 왕은 해구를 죽였지만 연신은 고구려로 도망갔다. 이러한 일련의 사태를 분석해 보면 고구려에 항복한 아신왕(17대) 이후 백제의 국내 정세는 친려(親麗)와 친왜(親倭) 세력 간의 대립과 암투가 빚어낸 정국의 혼란으로 보인다.

친려와 친왜 세력 간의 대결 구도로 다시 보면, 13대 근초고왕 이후 17대 아신왕 때까지는 친왜 정책 방향인 것으로 본다. 아신왕의 맏아들(후일 전지왕)이 왜국에 인질로 가 있을 정도였다.

18대 전지왕으로부터 20대 비유왕 때까지는 고구려의 속국으로서 친려 정책을 썼던 것으로 보인다. 전지왕 4년(408년)

봄 정월에 상좌평 관직을 채택하였는데 고구려의 영향을 받은 것이다. 비유왕이 흑룡에 의해 시해를 당한 것도 친왜 세력의 반발로 본다.

21대 개로왕은 친왜 세력의 지원을 받은 것 같다. 정적이며 동생인 곤지를 왜국에 인질로 보낸 것이 이를 말해 준다.

또 있다. 〈백제본기〉 개로왕 조에 보면, '선왕(20대 비유왕)의 해골을 임시로 땅 위에 모셔놓았으며(455년)….', '또 큰 돌을 욱리하에서 가져다가 곽(槨)을 만들어 아버지(비유왕)의 해골을 장사(475년)지냈다.'는 기록이 있다.

〈백제본기〉의 기록대로 해석하면, 선왕(비유왕, 부왕)의 해골이 들판에 20년(455~475년)간 흑룡에 의한 시해 사건으로 가매장되어 있었다면 불효의 극치다. 왜 이런 패륜이 가능한 것일까?

아마도 친려와 친왜의 대립 구조가 빚어낸 비극이라고 본다.

고구려 장수왕이 개로왕을 직접 제거 대상으로 삼은 것에 대해, 학계에서는 개로왕이 위나라 현조에게 보낸 서신이 장수왕의 심기를 건드렸다 주장하는데 이는 표면적 이유이고, 이면적 동기는 친왜의 노선을 걸으며 '아신왕의 항복문서' 불이행에 따른 경고로 본다.

장수왕이 중 도림을 백제에 비밀리 파견한 것은 침공 원인이 아니라 수단인 것이다. 도림의 간교에 빠져 '나랏사람 모두를 징발하여 흙을 쪄서 성을 쌓고 그 안에 웅장하고 화려한 궁실, 누각, 대사(臺榭)를 지어 창고가 텅 비게 한 것'은 장수왕의 전술 중의 하나이다.

상업 국가인 백제가 위급한 안위의 문제를 돈을 주어 용병으로 해결해왔는데, 창고를 텅 비게 하여 손발을 묶은 상황을 이끈 것이다. 개로왕의 참살은 22대 문주왕에게 친왜 노선과 '항복문서' 불이행에 대한 경고를 보여준 것으로 본다.

그런데 문주왕과 23대 삼근왕의 시해 사건은 친려냐 친왜냐 하는 노선의 문제와 치정(癡情)에 의한 문제까지 겹쳐 있어 복잡한 양상을 띠고 있어 더 연구할 과제로 본다.

무령왕(25대)과 관계가 깊은 동성왕(24대)의 시해 사건을 단순히 백가(苩加)의 인사 불만으로 파악하여 무령왕의 배후설을 제기하는 것은 잘못된 견해이다.

동성왕이 북위와의 3차 전쟁에서 승리한 후, 남제에 보낸(495년) 표문에서 전과를 상세히 기록하면서 전공자들에게 이미 내린 관작을 인정해 달라고 주문하고 있다. 이 논공행상 중에 눈에 띄는 부분이 있다.

'신이 사신으로 보내는 행용양 장군 낙랑태수 겸 장사 신 모겸(臣所遣行龍驤將軍樂浪太守兼長史臣慕遣)'이라는 관작이 보이는데, 낙랑태수(요동 지역)의 자리는 고구려에서 볼 때 도전으로 인식되었을 것이다. 동성왕 16년(494년), 17년(495년) 고구려와 충돌 등으로 보아, 동성왕은 친왜 정책을 추구했던 것으로 보인다. 21년(499년) '왕은 듣지 않으므로 한산 사람들로서 고구려로 도망간 사람이 1천 명이나 되었다'는 기록은 친려와 친왜의 대립 관계에서 친려 세력에 대한 압박으로 보인다. 동성왕 시해 사건을 백가의 인사 불만으로 보지 말고, 반려(反麗) 친왜 정책을 표방한 동성왕을 제거하려는 배후 세력이 있다는 점에 주목해야 할 일이다.

무령왕은 당시 웅진성에 있지 않았다. 월주(성?)에서 친왜 정책을 추구하던 무령왕이 같은 성향의 동성왕을 제거할 이유가 하나도 없다고 본다.

무령왕은 왕위 찬탈이 아니라 백제 왕권 수호의 의지로 봐야 한다.

국사학계는 한반도 웅진성이라는 고정관념에 메어 있어 해석이 엉뚱한 방향으로 흘러가는 것 같다.

무령왕이 동성왕 재위 때 웅진성이 아닌 월주(성?)에 있었다는 것을 다음 기회에 살피기로 한다.

무령왕릉의 비밀 PART. 02

| 사마 융은 40세 전에 어디 있었나? | 무령왕릉 건축 기술(팀)의 행방은? | 무령왕릉을 왜 한반도에 숨겼을까?
| 무령왕릉 열쇠로 본 백제 | 곤지왕과 무령왕과의 관계

Part. 02

7. 사마 융은 40세 전에 어디 있었나?

무령왕이 40세에 즉위했음을 알아내게 된 것은 왕릉이 발굴되고 '영동대장군 백제 사마왕께서 나이가 62세 되는 계묘년(523년) 5월 7일에 돌아가셨다(寧東大將軍百濟斯麻王年六十二歲癸卯年五月丙戌朔七日壬辰崩)'는 지석의 기록에 의해 계산한 것이다.

무령왕이 40세에 동성왕의 뒤를 이어 왕위에 올랐다면 40세 전에는 왕이 아닌 사마 혹은 융으로 살았다는 것인가?

또 하나 앞에서 소개했던 동성왕으로부터의 승계가 '왕위 찬탈인가, 왕권 수호인가?'라는 논의 중 만약 '왕위 찬탈'이라는 가설이 맞다면 동성왕의 도읍이 웅진성이니만큼 무령왕도 웅진성에 있어야 하지 않을까?

다수의 학자들은 한반도 공주의 공산성이 웅진성이니 공산성 옆에 무령왕릉이 있는 것과 같이 웅진성에서 살았다는 것이 당연하다고 말한다.

그런데 공산성=웅진성이라는 문헌 기록은 조선사와 한국사를 빼고 어디에도 없다.

다만 『삼국사기』 제36권 잡지 제5의 지리3 신라(조)에 '웅주는 본디 백제의 옛 서울이다. 당나라 고종이 소정방을 보내어 이를 평정하고 웅진도독부를 설치했다. 신라 문무왕은 그 땅을 빼앗아 차지했는데, 신문왕이 이름을 고쳐서 웅진주라 하고 도독을 두었다. 경덕왕 16년(757)에 이름을 웅주라 고쳤는데 지금의 공주이다(熊州-本百濟舊都 唐高宗遣蘇定方平之 置熊津都督府 新羅文武王 取其地有之 神文王改爲熊川州 置都督 景德王十六年 改名熊州 今公州).'

필자는 (그 땅이) 지금의 공주(今公州)에 주목하고 있다.

『삼국유사』에 백제를 건국한 온조왕 '14년 병진(BC5)에는 도읍을 한산(漢山) - 지금의 광주(廣州) - 으로 옮겼다. 389년을 지나서 13대 근초고왕 때인 함안(咸安, 동진 간문제의 연호) 원년에 이르러 고구려의 남평양(南平壤)을 빼앗아 도읍을 북한성(北漢城) - 지금의 양주(楊州) - 으로 옮겼다. 또 1백 5년을 지나서 23대 문주왕이 즉위하던 원휘(元徽, 유송 후폐제의 연호) 3년 을묘(475년)에는 도읍을 웅천 - 지금의 공주(公州) - 으로 옮겼다. 다시 63년을 지나서 26대 성왕에 이르러서는 도읍을 소부리로 옮겨 국호를 남부여라 하고 31대 의자왕 때에 이르기까지 120년을 여기서 지냈다(十四年丙辰 移都漢山 -今廣州- 歷三百八十九年 至十三世近肖古王 咸安元年 取高句麗南平壤 移都北漢城-今楊州-歷一百五年 至二十二世文周王卽位 元徽三年乙卯 移都熊川-今公州- 歷六十三年 至二十六世聖王 移都所夫里 國號南扶餘 至三十一世義慈王 歷一百二十年)17).'고 한다.

위의 두 사서에서 웅주, 웅진, 웅천이라는 지명이 보이지만 공산성이라는 지명은 없다. 두 책에서 공통으로 이들 지명이 '지금의 공주'라고 못을 박았다. 현대 사학자들은 이를 근거로 공주에 공산성이 있으니 웅진성이 바로 공산성이라는 거다. 논리적으로 타당한 것처럼 보인다.

필자의 해석은 이와 다르다.

먼저 살펴볼 것은 '지금'이라는 시점인데, 『삼국사기』의 지금은 김부식이 편찬작업을 마칠 무렵(1145년)이고, 『삼국유사』의 지금은 일연 스님이 책을 완성(1285년)했을 때이다. 『삼국사기』 책 끝부분에 편찬작업에 참여했던 10여 명의 인물이 보이는데, 이들은 당시 고기(古記)인 『신라고사』, 『구삼국사』, 『삼한고기』와 최치원의 『제왕연대력』, 김대문의 『화랑세기』·『고승전』·『계림잡전』 등 우리나라 역사책과 중국 역사책인 『삼국지』, 『후한서』, 『위서』, 『진서』, 『송서』, 『남북사』, 『구당서』, 『신당서』, 『자치통감』 등을 참고했을 것이다.

또한 『삼국유사』를 쓴 일연이 이들 서책을 모두 보았을 가능성은 희박하지만 연대상으로 볼 때 먼저 쓴 『삼국사기』는 분명히 읽었을 것이다. 실제로 두 책의 몇몇 부분은 서로 글자 한 자 틀리지 않는 부분도 있다.

필자가 보기엔 『삼국사기』나 『삼국유사』를 쓸 때, 먼저 있었던 책을 인용하거나 참고했을 것이다. 그러나 책을 완성하던 그 시점에서 고기에 기록된 웅진성이 '지금의 공주 땅'이라고 단정한 것은 대단히 잘못되었다고 본다.

왜냐하면 지금(현대)의 공산성에는 '궁궐터의 주춧돌'이 전혀 보이지 않기 때문이다. 주춧돌 없는 왕궁터가 어디 있을까?

지금까지 학계에서 본 '공산성=웅진성'이라고 하는 고정관념을 버리고 '공산성은 웅진성이 아니다(≠)'라는 개념 정리가 필요하다고 본다.

그뿐 아니라 일연스님이 『삼국유사』에서 한산으로 보는 지금의 광주(廣州), 북한성(北漢城)으로 보는 지금의 양주(楊州)에서도 궁궐터로 보이는 주춧돌이 발견된 일이 없다. 필자가 쓴 『한반도에 백제는 없었다』에서 밝혔듯이 위례성, 혹은 한성으로 추정한 한강 이남의 풍납토성이나 몽촌토성에서도 궁궐의 주춧돌이 발굴되었다는 보고서가 없다. 심지어 사비성으로 여기는 부여의 관북리 일대에서도 몇십 년 동안 찾았지만 단 하나의 주춧돌도 발견되지 않았다.

백제가 멸망하자 누군가 쫓아다니면서 주춧돌을 죄다 뽑아낸 것도 아닐 텐데, 678년 동안 존속했다는 백제 왕국, 적어도 4곳 이상 도읍을 가졌던 왕국에 궁궐을 지었다는 주춧돌 하나 없다면 말이 되는가?

백제의 도성은 한반도에 존재한 적이 없었다고 볼 수밖에 없다.

그렇다면 웅진성은 한반도에 존재하지 않았고, 무령왕으로 즉위하기 전 사마 융도 생전에는 한반도에 없었다고 봐야 한다.

사마 융이 40세 이전에 어디에 있었을까?

무령왕의 도읍지를 찾을 수 있는 단서가 하나 있다.

『삼국사기』〈백제본기〉의 무령왕 21년(521년)의 기록, '12월 양나라 고조(高祖)는 왕에게 조서를 보내 책봉하여 말했다. "행도독백제제군사진동대장군백제왕 여륭(餘隆)은 바다 밖을 지키며, 멀리 와서 조공을 바치고 그 정성이 지극함에 이르니 짐은 이를 가상히 여긴다. 마땅히 옛 법에 따라 이 영예로운 책명을 수여하여 사지절도독백제제군사영동대장군으로 삼는다."(十二月 高祖詔冊王曰 行都督百濟諸軍事鎭東大將軍百濟王餘隆 守藩海外 遠修貢職 遒誠款到 朕有嘉焉 宜率舊章 授玆榮 命可使持節都督百濟諸軍事寧東大將軍)'고 했다.

key가 되는 것이 '영동대장군'이라는 작호이다.

중국에서 주어지는 작호는 아무에게나 주어지는 것이 아니다. 31명의 백제왕 중에 작호를 받은 왕으로 근초고왕이나 동성왕, 성왕, 위덕왕 등이 보인다. 한반도에서 중국대륙과 교류를 했다고 주어지는 작호가 아니라 강대국인 중국의 국경을 접하고 있는 주변국과 원활하게 지내고자 행한 선린외교 정책의 하나라고 본다.

이 기록에서 첨예한 대립을 불러일으키는 기사는 '수번해외(守藩海外)'이다. 이를 해석함에 있어 번신의 의무를 해외에서 '지켰다'고 해석하는 학자가 있고, 필자는 '바다 밖을 지키고 울타리가 되어 주었다'고 해석한다. 전자의 해석은 다분히 바다 건너 한반도에 백제가 있었다는 것에 맞추어 해석한 것이라 본다. 이와 달리 필자는 '바다 밖을 지켜 울타리가 됐다(守藩海外)에 근거하여 무령왕의 왕도가 양나라에 인접한 동쪽 해안에 있었다고 추정하고 있다.

'영동대장군'이라는 작호는 무령왕릉 표지석에도 있다. '영남(寧南)'이 아니라 '영동대장군(寧東大將軍)'이다. 양나라 동쪽 지역의 안녕에 기여했다는 선린외교의 일면을 볼 수 있다. 바다 건너 한반도에 백제가 있었다면 '영동북대장군(寧東北大將軍)'이라 해야 한다.

영동대장군이라는 작호로 찾은 무령왕의 도읍지는 어디인가?

당시 수도를 난징에 둔 양나라에서 볼 때, 동쪽 해안 지역이 어디인가?

지금의 저장성에 있는 사오싱(紹興)과 항저우 등의 지리적 위치를 주시하게 된다. 이곳은 해상무역으로 볼 때 상권의 중심지라 할 수 있다.

북쪽 항로로는 중국 동해안의 여러 포구를 거치며 산둥반도를 돌아 발해만에 이를 수 있다. 남쪽으로는 중국의 푸젠성과 광동성을 거쳐 베트남과 인도와 아라비아에 이르는 항로로 연결된다.

남북뿐만 아니라 동서의 항로도 화려하다. 동쪽의 항로는 저우산군도(舟山群島)를 통해 한반도와 일본 열도로 가는 길이 있고, 서쪽의 항로는 양쯔강을 거슬러 중국 깊숙이 들어가는 장삿길이 있고, 또 푸춘강(富春江)을 거슬러 올라 산월(山越)로 가는 장삿길도 있다. 그야말로 다섯 방향으로 장삿길이 연결되는 천혜의 교통요지라 할 수 있다.

이곳에 월주 백제가 있었고,[22] 당시 이 지역의 상권을 무령왕이 쟁취한 것 같다.

이렇게 월주 백제를 부상시킨 사람은 무령왕이라 할 수 있다.

그런데 앞서 무령왕의 탄생지인 축자(筑紫·츠쿠시) 앞바다에 있는 가카라시마를 살펴본 일이 있다. 무령왕이 어머니의 태중에서 바닷길 여행 중 탄생한 바로 그 '곤지(昆支)왕의 항로'에 대해, 20세기의 한·일 역사학자들은 공통으로 한반도의 남해안을 거쳐 쓰시마(對馬) - 이키(壹岐) - 가카라시마 - 가라쓰 - 규슈였을 것으로 보고 있다.

그렇다면 이들에게 질문을 하고 싶다.

---

22) 오운홍, 『한반도에 백제는 없었다』, p.130.

첫째 질문, 곤지가 후쿠오카에 상륙했다면 야마토 왜의 위치는 어디인가?

둘째 질문, 야마토 왜가 긴키나 오사카, 나라 등지에 있다면 이도국(伊都國)이 있는 규슈 지역을 어떻게 통과했을까?

셋째 질문, 사마 융(무령왕)이 태어난 해가 461년으로 아스카시대(592~710년) 이전인데 야마토 왜가 일본 열도에 존재할 수 있는 일인가?

넷째 질문, 무령왕의 근거지 월주 백제가 밝혀진다면, 일본 열도 규슈에 있는 사마 융이 언제, 어떻게 중국 월주까지 가서 자리를 잡을 수 있었을까?

각라도(카라노시마)에서 태어났다고 기록한 『일본서기』는 덴무 천왕의 명을 받은 도네리 친왕이 중심이 되어 680년경에 시작하여 720년에 완성한 것이다.

무령왕이 탄생했다는 461년은 이보다 200여 년이 앞선 때로서 그 사이에 비조(飛鳥, 아스카) 시대(592~710년)가 있다.

일본 열도로 건너갔다는 비조, 그 이전에는 야마토 왜가 중국 남동해안에 있었고, 그곳으로 가는 곤지의 항로[23] 중에 무령왕이 태어난 각라도는 월주 땅이 아닌가 한다. 이곳 월주는 백제의 22담로국 중 하나라고 본다.

사마 융은 이곳에서 성장하며 왕손으로 추앙을 받고 담로국의 왕으로서 상권을 장악했다고 본다.

22개 담로국은 다수동체(多首同體)의 백제 모습이다.

백제의 담로국에 대한 기록이 있다.

〈양직공도(梁職貢圖)〉의 '백제 사신도를 설명하는 글'을 보면, '양나라 초에 부여태(동성왕)가 정동장군을 제수 받았다. 얼마 뒤 고구려를 격파했다. 보통(普通) 2년(521년)에 부여융(무령왕)이 사신을 파견하여 표문을 올려 여러 번 고구려를 무찔렀다

---

23) 앞의 글 '5. 무령왕의 출생지, 가카라시마가 맞나?'에서 야마토(왜)의 위치가 중국 남동해안이라 했다. 곤지의 항해 목적지는 이곳이다. 곤지의 출발지 한성은 황하의 남쪽 유역이므로 황하를 따라 발해만으로 나온 뒤, 산둥반도를 돌아 중국 동해안을 따라 남행했다고 본다.

고 했다. 백제는 도성을 고마(固麻)라 하고 읍을 담로라 하는데 이는 중국의 군현과 같은 말이다. 그 나라에는 22담로가 있는데, 모두 왕의 자제와 종족에게 나누어 다스리게 했다(梁初以太除征東將軍, 尋爲高句驪所破, 普通二年, 其王餘隆 遣使奉表云, 累破高麗, 號所治城曰固麻, 謂邑檐魯 於中國郡縣 有二十二檐魯, 分子弟宗族爲之)'고 한다.

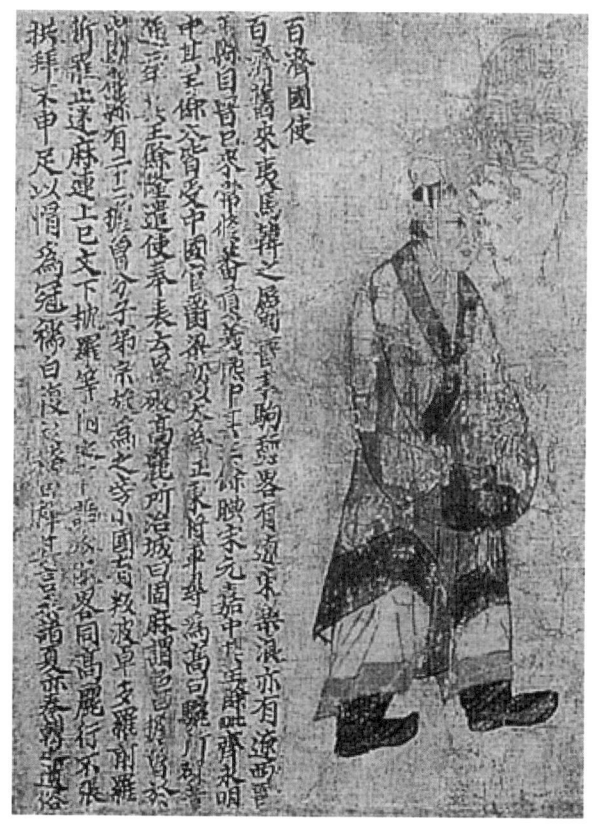

양직공도, 백제사신도

〈양직공도〉 그림의 주인공은 무령왕 21년(521년) '겨울 11월에 사신을 양나라에 보내어 조공했다.'는 〈백제본기〉 기사의 사신인 것 같다.

무령왕이 즉위한 지 20년이 지난 때인데, 오래전에 피살된 동성왕을 거명하면서 동시에 백제의 22담로(國)를 소개했다. 이는 동성왕까지 이어진 백제의 종주국 위상을 무령왕이 이어갔음과 22담로 체제를 인정한 것으로 볼 수 있다.

『일본서기』 조메이 천황(舒明天皇, 629~641년) 7년 조에 기록된 '상서로운 연꽃이 검지(劍池)에서 피어난다. 한 개의 줄기에 피어있는 두 송이의 연꽃(瑞蓮生於劍池一莖二花)'이라는 이 시는 다수동체(多首同體)의 백제 모습을 잘 표현하고 있다. 이 기록은 조메이 천황이 당시에 백제의 사신들이 야마토 왜를 방문했을 때 그들을 접대하는 자리에서 읊은 것이다. 백제와 일본을 하나의 줄기로 보고 싶다는 암시와 희망이라고 할 수 있다. 다수동체는 백제라는 연합체의 다른 표현이기도 하다.

중국 동남해안, 진평군에 있었던 야마토 왜가 백제의 22개 담로국 중의 하나라고 볼 수 있다. 이에 대한 후속 연구를 기대한다.

무령왕이 경영하던 담로국 수준의 월주 백제가 백제 종주국의 지위를 이어받음과 동시에 웅진 백제는 담로국 수준으로 돌아가 담로국 수에는 변함이 없었을 것으로 본다.

이는 다시 말해, 무령왕이 경영하는 월주 백제가 백제의 종주국 지위를 이어받은 그 시점이 『삼국사기』〈백제본기〉에 기록된 25대 왕위 계승(500년)이며, 그때 무령왕의 나이가 40세인 것이다.

무령왕은 40세 이전에 어디서 무엇을 했을까?

답은 40세 이전에 이미 담로국 월주 백제를 경영했다고 말할 수 있다.

8.
무령왕릉
건축 기술(팀)의 행방은?

공주(무령왕릉) 여행에 참가했던 사람들이 느끼는 공통점이 있다.

2015년 7월 열린 세계유산위원회(WHC)에서 세계유산으로 등재가 확정된 백제 역사유적 지구는 충청남도 공주(웅진)와 부여(사비)와 전라북도 익산(왕궁리) 유적이 포함된다. 이곳은 678년 동안 존재했던 백제사의 후기에 해당하는 185년 동안의 도읍지라고 한다.

무령왕릉을 참관했던 여행자들은 공주 송산리의 다른 분묘를 보면서, 그리고 송산리 고분보다 1세기 이후에 조성되었다는 부여 능산리 고분을 보면서 뭔가 이해가 안 되는 시대 흐름과의 부조화, 즉 퇴보를 느꼈을 것이다.

무령왕릉 널방 내부 전시실 (출처: 공주시)

무령왕릉을 참관할 때 널방 입구의 아치형 천장이 있는 통로가 눈에 띈다.

무덤 내부를 보면 중국 남조에서 유행하던 벽돌무덤[塼築墳]으로, 널방은 세밀한 연꽃무늬를 새긴 벽돌로 쌓았으며 남북길이 4.2m, 동서너비 2.72m, 높이 2.93m이다.

무령왕릉은 아치형 터널식 벽돌무덤이기 때문에 고급 건축 기술이 필요하다 벽돌 한 장을 굽더라도 6면 모두 직각을 이루는 정각의 직육면체가 아니라 6면(六面) 중 두 측면은 사다리꼴이고, 상하를 이루어 마주 보는 두 면은 직사각형 크기가 다르며 나머지 두 면만 직사각형을 이루는 사다리꼴 육면체라서 벽돌 한 장이 전체적으로 볼 때 쐐기 모양에 가까운 직육면체를 이뤄야 한다. 더구나 아치형 천정의 각도에 따라 미세하게 사다리꼴 두 면에서 윗변과 아랫변의 비율을 기하학적으로 조정하여 낱개의 벽돌을 만들고 구워내야 한다. 이러한 고차원의 건축 기술이 양나라에는 있었고, 그 이웃에 있었을 것이라고 추정되는 백제도 공유하고 있었다고 봐야 한다.

무령왕릉 발굴 당시 연도 상부 세부 노출 상태. (출처: 국립문화재연구소)
아치형으로 구부러진 부분에 두껍게 박혀 있는 쐐기형 벽돌의 측면은
사다리꼴 모양의 사각형이다.

공주 송산리 6호분(성왕의 모후능 추정)과 무령왕릉 천정은 아치형인데, 그 이후에 조성된 부여 지역의 능산리 고분은 평평한 횡혈식 석실이다. 무령왕릉의 아치형 천정 건축 기술에 비할 바가 못 된다.

능산리 고분 대부분은 커다란 판석을 이용하여 상자 모양의 직사각형 널방을 구성하고 그 중앙에 널방을 마련한 소위 능산리(A)형 돌방무덤들이다. 그 밖에도 구조적으로는 판석으로 짠 직사각형의 널방에 꺾임 천장을 갖춘 소위 능산리(B)형 돌방무덤이 있다. 국사학계는 능산리 고분들이 사비 시대(538~660년)의 백제 왕족묘로 추정하고 있다. 이러한 능산리형 돌방무덤은 부여 일대뿐만 아니라 충청도·전라도 지역에 광범위하게 분포하며 고분의 축조시에 엄격한 규제의 흔적이 엿보이기 때문에 백제의 지방 통치와 밀접히 관련된 것으로 판단하고 있다.

역사나 고고학을 전공하지 않았다 하더라도 무령왕릉과 부여 능산리 고분을 비교해 보면 한눈에 '이건 아니다'라는 한숨이 저도 모르게 나온다.

부여 능산리(서고분군)의 8호분 내부 모습 (출처: 문화재청)

부여 능산리 고분군은 무령왕릉보다 100여 년 후에 조성되어 기술이 더욱 발전되었어야 할 터인데, 오히려 기술이 더 낙후된 것이다.

여기서 떠오르는 것이 '무령왕릉을 건축한 기술자가 누구냐?' 하는 의문이다. 또 '그들의 기술이 어디로 갔느냐?' 하는 질문이 뒤따른다.

또 하나의 질문은 무령왕릉을 조성하도록 한 백제 26대 성왕의 묘는 기술 수준이 어떠하며 어디에 있을까 하는 것이다.

국사학계는 부여 능산리 고분군 중에 있을 것으로 보고 있다.

1993년에 부여 능산리 고분군 바로 옆에서 사지(절터) 하나가 발굴되었는데, 이 절터에서 금동대향로(金銅大香爐)를 비롯한 많은 유물과 창왕명석조사리감(昌王銘石造舍利龕)이 출토되었다.

'사리감'은 1995년 확대 발굴 때 출토되었는데, 당시 이미 교란된 상태로 출토되었기 때문에 내부의 사리장치는 남아있지 않으나 감실 입구 양쪽 면에 10자씩의 글자가 새겨져 있다. 즉 오른쪽에 '百濟昌王十三秊太歲在(백제창왕십삼년태세재)', 왼쪽에 '丁亥妹□公主供養舍利(정해매□공주공양사리)'라는 글자가 새겨져 있다. 이 명문 내용 중 창왕은 성왕의 아들인 26대 위덕왕을 말한다. 그리고 13년인 정해년은 567년이 된다. 명문 사리감의 발견으로 절의 창건 연대 및 발원자 등을 비롯한 사찰의 성격이 확실하게 밝혀진 셈이다. 이 절터는 창왕의 누이, 즉 왕실에서 발원한 절로서 절의 위치와 관련지어 생각하면 성왕의 명복을 빌기 위하여 발원된 것임을 알 수 있다.

일부 학자의 주장에 의하면, 이 절은 능산리에 성왕의 능을 조성한 후 그 가까운 곳에 성왕의 추복과 능의 수호를 위해서 창건한 능사(陵寺)라고 추정하고 있다.

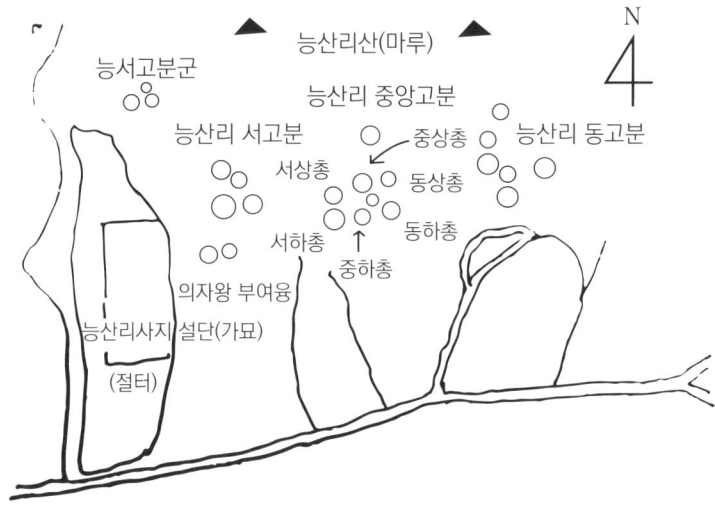

능산리 고분군과 절터의 위치

성왕은 554년 7월 신라군을 공격하던 관산성 전투에서 태자 여창(위덕왕)을 구하러 가다가 신라 복병에게 잡혀 참수당한 비운의 왕이다. 그런데 성왕의 능이 능산리 고분 중에 있을 것이라는 추측뿐이고 어느 것이라고는 분명히 말하지 못하고 있다.

설령 능산리 고분 중에 있다 하더라도 무령왕릉의 건축 기술에 비하면 몇백 년 뒤떨어진 기술인데, 국사학계가 이 중에 성왕 능이 있다고 선뜻 내놓지 못하는 이유도 이해할 만하다.

능산리 고분 중에 유일하게 사신도 벽화가 그려진 무덤이 있는데 일인 학자가 '동하총(東下塚)'이라고 명명했다. 벽화가 있다는 점에서 동하총을 위덕왕릉으로 보는 학자도 있다.

능산리 고분 중 유일하게 사신도가 그려진 동하총 석실 (출처: 문화재청)

능산리 고분과 무령왕릉 조성 기술을 비교하는 과정에서 건축 기술의 차이가 너무 크다는 것을 느낄 수 있다. 무령왕릉 건축 기술팀은 부여 능산리 분묘를 조성하는 데에 참여하지 않은 것 같다.

벽돌을 구워서 능묘를 조성한 사례는 한반도에서 송산리 6호분과 무령왕릉 2기뿐이다. 그런데 『한단고기』 번역서를 쓴 임승국 교수의 역자 후기를 보면, '양자강 남쪽 건강시(지금의 남경) 교외에는 공주의 무령왕릉보다 규모는 크면서 양식은 같은 무덤이 300여 개가 있다. 한국의 고고학자는 그것을 발굴하여 정체를 밝혀야 한다. 과연 종래의 주장처럼 이들 무덤이 양(梁)나라의 무덤들인가, 아니면 백제의 무덤인가를 밝혀야 한다. 백제인들이 양자강 남쪽에 무덤을 남겼으리라는 추정은 『북사(北史)』의 「백제(百濟)…거강(據江)…좌우(左右)…」라는 글로써 가능하다.'[24)]고 우리들에게 힌트를 주고 있다.

우리가 찾는 '무령왕릉 건축 기술팀'이 그곳에서 한반도 공주 지역에 왔다 간 것이 아닌가 한다.

---

24) 임승국 번역, 『한단고기』, p.348.

다음과 같은 세 가지 가설을 도출하여 탐색하고자 한다.

가설① - 성왕이 한반도에서 이들 '건축 기술팀'을 초청한 것인가?
가설② - 성왕이 중국에서 이들 '건축 기술팀'을 파견한 것일까?
가설③ - 성왕이 한반도에 있는 '건축 기술팀'을 활용한 것인가?

앞서 능산리 고분군을 살피면서 ③의 한반도 '건축 기술팀'은 아니라고 보았다. 무령왕릉 이후 조성된 백제 왕릉이라는 것이 모두 기술적으로 비교할 때 조악하기 때문이다.

나머지 ①과 ②중 당시 현실적으로 가능한 것은 ②가 아닐까 한다.

①의 '건축 기술팀 초청'은 비용도 만만치 않지만, 고급 기술의 '대륙반출 금지'[25]에 따라 거의 불가능한 일이다. 어렵

---

25) 터키 아나톨리아 반도에서 BC1700년부터 BC1200년까지 존재했던 강력한 히타이트 제국의 철기 제작 기술은 500년 동안 철저히 비밀에 부쳐지다 제국이 멸망 후에 기술이 유출되었다. 파라오가 지배하던 이집트에서 길들여진 쥐잡이 고양이를 국외로 반출하는 것을 금지한 때가 있었다. 원나라가 중국을 지배했을 때 문익점이 목화씨를 어렵게 들여온 것도 목화 유출을 금지했기 때문이다. 예나 지금이나 하이테크 기술과 정보는 국가적 관심사이다.

게 이뤄졌다 하더라도 비밀리에 이뤄지는 출입국 여건에 따라 무령왕릉 조성에 필요한 벽돌은 능묘를 조성하는 현지에서 제작해야 한다. 따라서 이를 채택하려면 벽돌을 굽는 가마터가 인근에서 발견되어야 한다.

②의 경우, 성왕이 중국에서 '건축 기술팀'을 직접 파견했다면, 왕명에 의해 비용이나 기밀 유출은 문제가 되지 않는다. 왕릉 건축에 소요되는 벽돌은 중국에서 제작하여 반출도 가능하고 기술자가 와서 왕릉을 조성하는 현지에서 제작도 가능한 일이다.

가설 ①, ②, ③에서 ①은 폐기하고 ③을 보류하여, 가설 ②를 채택한다면, 무령왕릉 건축 기술팀은 중국에서 성왕이 보낸 것이 되고, 따라서 성왕이 다스리는 백제도 중국에 있었다고 할 수 있다.

논쟁의 핵심은 무령왕릉 건축 기술팀이 사용한 벽돌을 제작한 가마터가 무령왕릉 인근에서 발견됐다는 보고서가 없다는 점이다. 벽돌을 한반도에서 제작했더라면 무령왕릉 터와 가까운 곳일 것이고 벽돌 모양별로 남은 벽돌이나 벽돌 파편

이 나올 가능성이 있는 것이다.

40여 년 전, 부여 정암리에서 와요지(瓦窯址)가 발견되었다.

한국민족문화대백과사전에 의하면, 사적 제373호로 지정된 이 유적은 부여에서 남쪽으로 4㎞ 떨어진 금강가의 내동마을 일원에 분포되어 있으며, 북고리 지역에도 산재한다. 1987년 7월 부여 지방에 내린 집중호우로 정암리 가마의 천장 일부가 노출된 것을 주민이 신고하여, 국립부여박물관이 1988년, 1990년, 1991년 3차에 걸쳐 발굴 조사를 실시하였다.

조사 결과 12기[26]의 요(窯)와 작업장 관련 유구 1기가 확인되었으며, 6세기 후반에서 7세기 전반의 연꽃무늬수막새, 서까래기와, 치미편, 암키와, 수키와, 무문전돌 및 상자형 전돌편 등이 다량 출토되었다.

학계에서는 정암리 가마터가 조성된 것은 6세기 후반에서 7세기 전반으로 보고 있다. 무령왕릉을 조성하여 안장한 때가

---

26) 백제 가마 11기와 고려시대의 가마 1기가 조사되었다.

을사년(525년) 8월 12일이니 6세기 전반이다. 조성된 연대를 비교하면 50년에서 100년의 차이가 있어 기와와 벽돌을 구워냈던 정암리 와요지가 무령왕릉 건축에 쓰인 벽돌과는 무관하다고 본다.

또 하나 새롭게 논의할 것은 사비성으로 보는 부여에서 가마터가 발견되었고 이곳에서 벽돌과 기와를 구워냈을 텐데 왜 부여 능산리 고분군에는 벽돌을 사용한 능묘가 하나도 없는지 국사학계가 논의할 과제라고 본다.

국사학계는 보다 면밀한 조사 분석 연구를 해야 한다.

1) 가마터 조성 연대가 6세기 후반이 맞는지?
2) 조성 연대가 더 빠른 가마터가 있는지?
3) 부여가 성왕이 천도했다는 사비성이 맞는지?
4) 무령왕릉에 쓰인 벽돌이 어디 흙인지 성분 분석을 해야 할 것 아닌지?

무령왕릉에 쓰인 벽돌을 제작한 가마터가 무령왕릉 인근은 물론 충청남도 일대에 없다는 것은 '중국에서 벽돌을 싣고 왔다'

는 또 하나의 가설을 도출하게 한다. 그리고 성왕이 ②와 같이 중국에서 이들 '건축 기술팀'을 파견한 것으로 추정할 수 있다.

무령왕릉의 벽돌 문양이 양자강 남쪽 난징 인근에 있는 능묘의 벽돌과 똑같다. 필히 벽돌 성분을 비교분석해 볼 필요가 있다.

벽돌의 문제는 문화재청이 앞으로도 좀 더 연구할 과제라고 생각한다.

지금까지의 내용을 다시 정리하면,

첫째, 벽돌로 조성된 무덤은 한반도 한수 이남에 단 2개인데 중국 양자강 이남 난징 부근에 있는 300여 기의 무덤 양식과 흡사하여 그쪽 건축기술이 아닌가 한다.

둘째, 부여 능산리 고분군의 조성 수준을 볼 때, 마한 분묘에서 발굴되는 석실분과 크게 다르지 않아서 백제 왕릉이라고 말하기 어렵다.

셋째, 무령왕릉과 6호분을 조성하는 데 쓰인 벽돌은 중국에서 가져온 것으로 보이며, 왕릉 건축 기술팀도 중국에서 왔다 간 것으로 보인다.

넷째, 창왕명석조사리감과 능산리 절터는 위덕왕이 부왕(성왕)의 유골 일부를 조부왕인 무령왕릉 가까이에 모시고 명복을 빌기 위하여 발원된 것으로 본다. 성왕의 본릉은 중국에 있고 약식으로 조성한 능이 동하총이 아닌가 한다. 이 문제도 좀 더 연구할 과제라고 생각한다.

9.
무령왕릉을 왜
한반도에 숨겼을까?

　무령왕의 무덤이 1971년 7월 8일 충남 공주에서 발견되자 나라가 온통 흥분에 휩싸이고 관심이 높았다. 출토된 유물 중 국보급이 12건에 이르지만, 더욱 놀라운 것은 무덤의 주인공과 연대가 뚜렷하게 새겨진 왕과 왕비의 지석(誌石)이 출토되어 백제 역사의 실마리를 풀어갈 수 있게 되었으며, 그 기록이 『삼국사기』의 기록들과 상당 부분 일치하고 있어 역사적 의의가 컸기 때문이다. 이와 때를 같이하여 '백제의 대륙 존재론'을 주장해오던 민족사학자 중 일부가 무령왕릉 조작설을 내놓았다. 그 배경에는 국사학계의 주류를 이루고 있는 강단 사학계를 가리켜 식민사학계라면서 이들이 일본의 반도사관을 정착시키는 데 무령왕릉을 악용하고 있다고 보는 비판적 의식이 있었다.

　백제의 대륙 존재론을 주장하는 학자들은 한반도에 백제가 있었다는 '한국사'나 그 이전에 일본이 써 준 '조선사'를 위사(僞史)로 보고 있다. 송종성 선생은 "이런 위사를 뒷받침하기 위해 물증까지 위작해 넣어 놓은 것이 무령왕릉 지석이다."라 했다. 민족사학자 중에는 일제강점기 때 일본이 의도적으로 무령왕릉을 조성했을 것이라고 주장하는 이도 있다.

필자는 이와 같은 주장에 대해, 전적으로 동의하지 않는다. 중국 대륙에서 어느 무덤을 파헤쳐 유물을 한반도로 가져왔다고 하는데 다음과 같은 이유에서 그들의 주장은 맞지 않다고 본다.

첫째, 대륙에서 무령왕의 요건을 갖춘 분묘를 족집게처럼 찾기도 힘들고 또 도굴행위의 불법성과 장거리 운반의 어려움 등 거의 불가능한 일이다.

둘째, 한반도 공주에서 왕릉 조성 작업을 비밀리에 추진하더라도 하루 이틀에 이뤄지는 일이 아닐 텐데 완전한 비밀은 보장할 수 없는 일이다.

셋째, 무령왕릉과 잇대어 조성된 6호분이 일본인 도둑 교사 가루베 지온(輕部慈恩)에 의해 샅샅이 털리는 상황인데, 조성 후에 도굴꾼들이 무령왕릉의 유물을 그대로 둘리 없다. 필자는 무령왕릉 조작설을 부정한다.

무령왕릉은 지석에 기록된 그대로 을사년(525년) 8월 12일에 안장된 것으로 본다.

무령왕릉의 유물은 눈과 손으로 확인할 수 있는 실증의 역사다.

그런데 무령왕릉 발굴 50년이 되었는데 아직도 풀리지 않은 의문점이 많이 남아 있어 우리의 관심을 유혹하고 있다. 앞에서 8가지 의문을 제기하고 풀어보는 시간을 가졌다. 이 8가지 외에 의문점이 또 있다.

? 1. 무령왕릉만 왜 한반도에 있나?

이 질문에 대해, 사학계에서는 공주 송산리 고분과 부여 능산리 고분도 백제 왕릉이라 하지만 이 고분들은 왕릉으로 보기에는 부족한 점이 있다. 중국 양자강 이남 난징 근교에 무령왕릉과 닮은 전축분(塼築墳)이 300여 기나 있다. 송산리 고분은 그렇다 치더라도 무령왕릉 이후에 조성되었다는 부여 능산리 무덤이 벽돌로 조성되지 않은 까닭을 국사학계는 답해야 한다.

한반도가 아닌 중국에 왕묘가 조성된 기록이 있다.

『대쥬신제국사』를 쓴 김산호는 무령왕의 전왕 '동성왕의 무덤은 중국 산둥 반도에 있다'[27]고 하였고, 『한단고기』를 쓴 임승국 교수[28]가 '〈백지(百支) 래왕지묘(萊王之墓)〉라고 하는 고적이 〈전한서 지리지〉[29]에 있다고 하면서 단재 신채호의 추측

---

27) 김산호, 『대쥬신제국사(大朝鮮帝國史)』, 3권. 동아출판사, 1994. p.193.

28) 임승국역, 『한단고기』, p.348

29) 〈전한서 지리지〉의 전한은 BC206~AD8년에 존재했던 나라다. 전한서를 쓴 사람은 사마천(BC145~86)이고 지리지를 추가한 사람은 후한의 반고이다. 그런데 동성왕 사망(501년)에 따른 무덤의 위치가 기록되었다는 사실이 연대적으로 신뢰할 수 없지 않냐는 의문이 앞선다. 그러나 〈지리지〉의 경우 후세 사가들에 의해 주석을 가필할 수밖에 없는 특성상 동성왕의 묘지가 추가로 기록되었을 것이다. 이와 같은 사례가 있다. 『수경주(水經注)』는 중국 남북조 시대에 저작된 지리서(地理書)이다. 수경(水經)이란 책에 주석이 추가된 서적이다. 책의 저작 연대는 연창(延昌) 4년(515년)으로 추정된다. 『수경주』의 주요 내용은 고대 중국의 수로(水路)를 기술한 것이다. 추가적으로 지역의 지리적 특색을 기술하였다. 본문의 내용에 주석을 붙이는 형식으로 되어있다. 『수경주』는 북위 시대에 역도원에 의해 편집되었듯이 후세 사가들

으론 〈백제 동성왕의 무덤〉이라고 했다.'는 것이다.

필자가 보기엔 백제 왕릉 중 무령왕릉만 한반도에 있다고 본다.

? 2. 지석에 왕 이름을 쓰지 않는 이유가 무엇일까?

통상 황제의 비석에는 피장자의 이름 대신에 휘호(徽號), 시호(諡號), 연호(年號), 묘호(廟號) 등을 쓴다. 묘호는 종묘에 신위를 모실 때 올리는 시호로 조(祖)나 종(宗)을 붙인다. 그런데 공주에 있는 무령왕릉 지석에는 삼국사기에 '23년 여름 5월 왕이 죽으니 시호를 무령이라 했다.'라는 기록이 있음에도 불구하고, 무령(武寧)이라는 글자는 없고 '영동대장군 백제사마왕(寧東大將軍百濟斯麻王)'이라는 칭호가 새겨져 있었다.

영동대장군은 양나라에서 책봉한 관직이고, 사마(斯摩)는 대왕의 휘(이름)이다. 백제가 백제의 왕릉을 조성하면서 비석에 휘(이름)를 썼다는 것은 상식적으로 있을 수 없는 일이다. 그렇다면 무령왕릉에는 어떤 사연이 숨어있는 것일까?

이 변경된 지명을 당시의 지명을 도입하여 명료화하려고 주석을 달았다.

❓ 3. 지석(비석)을 왜 묘 속에 감추었나?[30]

지석이나 비석 그리고 관에 덮어 놓는 만장(輓章) 등은 죽어서 묻힌 사람이 누구인지, 어떤 사람인지를 알리는 표식이다.

보통은 능묘 앞에 비석을 세워 표시한다.[31] 그런데 비석 없이 무덤 안에 지석을 새겨넣은 것은 '알림'이 아니라 '감춤'이

---

30) 비(碑)는 기념할 만한 사실이나 특정 사항을 기록하여 세운 물체를 말하며 거의가 돌로 만들었으므로 비석(碑石)이라고 한다. 비는 처음에는 자연석을 이용하여 만들었지만 점차 면을 잘 다듬었고 통일신라시대 이후에는 중국 비석의 형태에 영향을 받아 거북 모양의 받침(귀부. 龜趺)과 교룡 모양의 덮개(이수. 螭首) 등을 갖추기 시작했다. 또 백제 멸망 당시 피신한 의자왕을 잡아다 당나라에 바친 예식진의 형제인 예군(禰軍, 613-678)의 묘지명(墓誌銘) 덮개가 중국에서 발견되었다. 그런데 무령왕릉의 지석(誌石)은 내보이는 의도가 없고 감추려 하는 것처럼 보인다.

31) 지석과 비석이 함께 쓴 사례도 있다. 대당고김씨부인묘명(大唐故金氏夫人墓銘)이 새겨진 비석(碑石)이 1954년 중국 산시성(陝西省) 시안시(西安市) 동쪽 교외 곽가탄(郭家灘)에서 발견되었다. 864년 향년 32세로 당나라에서 사망한 신라 김씨 부인은 당나라에 살던 신라인 김충의의 손녀이자 김공량의 딸이었다. 김씨부인은 이구의라는 당나라 사람의 후처로 들어가 장안(長安)에서 살다 생을 마감했다고 한다. 봉분 앞에 세운 비석 말고도 전서체로 3행에 걸쳐 '대당고김씨부인묘명'이라고 새긴 덮개돌(43.5×44cm)과 23행에 최대 27자씩, 총 593자의 예서체 명문이 기록된 지석(46.5×45.5cm)이 함께 발견돼 현재 시안의 비림박물관에 소장돼 있다.

라는 의도가 있다고 본다. 더구나 앞 전에서 밝혔듯이 왕의 휘호나 시호를 쓰지 않고 양나라에서 책봉한 관직명만을 쓴 것도 왕의 존재를 숨기려 하는 의도가 역력하다. 숨겨야 할 특별한 이유가 있었던 것 같다.

? 4. 왕릉이 왜 작은가?

왕과 왕비의 합장릉임에도 불구하고 내부공간이 1976년 덕흥리에서 발견된 고구리 유주자사 무덤의 70%에 불과하다는 것이다. 물론 고구리와 백제의 국력 차이도 어느 정도는 있었겠지만, 그렇다 해도 왕과 대신의 지위라는 개념으로 볼 때 이는 상식적으로 잘 납득이 되지 않는다. 규모가 작은 이유 중 하나가 무령왕릉 건축기술팀이 벽돌을 바다 건너에서 싣고 왔기 때문이 아닌가 하는 의심이 든다.

? 5. 왕릉이 왜 다른 고분과 잇대어 있는가?

왕릉 옆에 다른 무덤을 쓸 수 있나? 게다가 보통의 경우 왕릉 주위에 다른 무덤을 쓰려면 반드시 일정 거리 이상 떨어지는 것이 상식인데 무령왕릉에서 약 20미터 떨어진 곳에 두 개의 무덤이 나란히 있다는 것이 특이하다. 실제로 거의 붙어있는 것이나 다름없는데, 정말 자국의 땅에 조성한 왕릉이었다면 다른 분묘에 붙여서 조성할 수 없는 일이다.

? 6. 한반도에 없는 금송을 쓴 까닭은?

무령왕릉 내부에서 발굴된 무령왕과 왕비의 목관은 금송(金松)으로 밝혀졌다. 1971년 무령왕릉에서 출토된 수많은 유물 중 논란이 큰 것은 왕과 왕비의 시신을 감싸고 있던 다량의 옻칠이 된 목관이다.

발굴 당시 보고서에는 그냥 '밤나무'라고 기록되어 공주박물관 지하창고에 보관됐었다. 그 후 1991년 우연한 기회에 한 역사학자의 손에 들어간 관재(棺材) 조각을 현미경으로 세포검사를 해 일본 특산인 '금송'과 같은 재질로 밝혀졌다.(KBS 역사스페셜에서는 이 금송의 산지가 일본 긴끼 지방의 고야산으로 수입된 것으로 소개되었다.)

국사학계는 목재를 일본에서 가져와 백제인이 제작하였거나 일본에서 제작하여 백제로 보내졌을 것으로 추정하며 무령왕과 왕비의 금송 목관은 당시 백제와 일본의 밀접한 교류를 입증하는 귀중한 유물로 보고 있다.

발굴 당시의 내부 모습, 검게 옻칠이 된 목관이 보인다.

필자는 무령왕과 왕비의 목관 소재인 금송(金松)이 일본 긴끼 지방의 고야산에서 수입된 것이 아니라고 본다.

그 첫째 이유가 무령왕이 생존했을 당시 일본(야마토 왜국)은 중국 남동부에 있었다. 중국의 사서 『삼국지(三國志)』와 『후한서(後漢書)』가 입증하고, 『일본서기』의 일식 기록 중 가장 오래된 일본의 일식 기록(628~709년)을 20세기에 와서 분석한 천문학자 박창범 교수가 이중으로 입증하고 있다. 아스카(飛鳥) 시대(592~710년) 이전의 일이므로 일본 열도에는 야마토 왜가 없었다고 할 수 있다.

둘째 이유는 금송의 주산지는 일본 긴끼 지방뿐만 아니라 중국 절강성 태주(台州) 지역임도 밝혀졌다. 만약 무령왕의 월주 백제가 중국 절강성에 있었다면 왕과 왕비의 관에 쓸 금송은 태주가 있는 절강성에서 마련했다고 본다. 문화재청은 관재로 쓰인 금송이 일본산인지, 아니면 태주산인지를 밝히는 연구가 있어야 한다고 생각한다.

이같이 무령왕릉 발굴 50년이 되었는데도 10여 개의 의문점은 그대로 남아있다. 이러한 의문을 한꺼번에 해결할 수 있는 역사 자료(key)가 세상에 공개되었다. 그것은 남당 박창화 선생의 필사본 중 〈고구려사략〉의 안원대제(23대) 편의 기록이다.

'사마(斯摩)의 처 연씨(燕氏)가 사오(沙烏)의 처 백씨(苩氏)를 투기하다가 사마(斯摩)를 독살하였고, 사마(斯摩)의 서자 명농(明穠, 후일 聖王)은 상을 당한 것을 숨기고 보위에 올랐다. 이같이 엄청난 비밀을 간직하고 있는 사마(斯摩)가 (생전에 주관하는) 제일(祭日)에 사냥 나간 것으로 모면하듯, 명농(明穠)은 과연 아비 죽음을 숨겼다. 이에 (고구려 왕이) 고노(高老)와 복정(卜正)에게 명을 내려 죄를 묻게 하여, 한(漢)수를 건너 쌍현(雙峴)성을 무너뜨리고, 지충(志忠)을 금천(金川)에서 대파하였으며, 남녀 1만여 구(口)[32]를 사로잡았다. 명농(明穠)이 연희(燕喜)를 보내서, 명마와 미녀를 바쳤으며, 신하의 도리를 저버렸던 것을 사죄하였다. 명농(明穠)에게 입조하라 명을 내렸다〈斯摩〉妻〈燕〉氏 妬〈沙烏〉妻〈苩〉氏 毒殺〈斯摩〉〈斯摩〉庶子〈明穠〉祕其喪而自立 上惡〈斯摩〉祭日出獵〈明穠〉果祕其殺父 乃命〈高老〉·〈卜正〉問罪渡〈漢水〉壞〈雙峴〉大破〈志忠〉於〈金川〉虜獲男女万余口〈明穠〉遣〈燕喜〉献名馬·美女 以謝失臣之禮 乃命〈明穠〉入朝.)'

이 기록에 의하면 사마왕은 어린 왕비의 질투심으로 독살을 당한 것이다. 무령왕의 왕비 연씨(燕氏)가 사오(沙烏)의 처 백씨(苩氏)를 투기할만한 상황이 『삼국사기』〈백제본기〉에도 있다. 이는 〈고구려사략〉의 기록을 뒷받침 할 만한 교차 검증자료가 될 수 있다.

'무령왕 23년(523년) 2월에 왕이 한성으로 행차하였는데, 좌평 인우(因友)와 달솔 사오(沙烏)를 대동하여 쌍현성(雙峴城)을 쌓게 했다. 성을 쌓는 공사 책임자 달솔 사오를 그곳에 남게 하고 왕은 3월에 한산으로부터 수도로 돌아왔다. 여름 5월에

---

32) 인구(人口)의 입, 구(口)는 살아 있는 사람 수를 나타낸다.

왕이 세상을 떠났다.'는 기록이 있다.

〈백제본기〉에 기록된 정황으로 보더라도 5월에 왕비가 왕을 독살하기 전 3월부터 약 2개월간 무령왕이 사오의 처 백씨와 밀애가 있었을 가능성은 있다고 본다.

〈고구려사략〉에서 눈여겨 볼 것은 '명농이 연희를 보내서, 명마와 미녀를 바쳤으며, 신하의 도리를 저버렸던 것을 사죄하였다.'는 대목이다. '신하의 도리'는 주종 관계를 말한다. 당시 백제는 고구려의 속국이라는 사실은 앞서 '(5) 무령왕의 출생지, 가카라시마가 맞나?'에서 밝힌 바 있다.

다시 정리하면, 무령왕이 어린 왕비에 의해 독살당했고, 서자 명농(성왕聖王)이 상을 당한 것을 숨기고 보위에 올랐는데, 후일 주종 관계에 있던 고구려 (23대) 안원왕이 성왕에게 책임을 묻는 내용이다.

명농(성왕)은 왜 부왕의 죽음을 숨겼을까? 부왕을 가까이 모시고 국정의 일익을 담당하던 명농으로서는 무령왕의 갑작스런 죽음에 위기감을 느꼈을 것이다.

그 첫째가 무령왕의 유언이 없었으므로 왕위를 계승하는데 고구려의 허락을 받아야 하고,

둘째는 그렇게 되면 왕의 죽음에 대한 부끄러운 사인이 밝혀지겠고,

셋째는 서자인 명농으로서는 왕위 계승이 불리하다는 생각이 앞섰을 것이다. 야마토(왜)에는 순타태자의 아들 법사군(法師君)이 살고 있었다.

그래서 부왕의 죽음을 숨기고 왕권을 대행하다 슬그머니 왕위를 이어간 것이고, 이런 상황에서 무령왕의 묘를 한반도에 일부러 숨겼다고 본다.

성왕으로서는 부왕의 묘인데 초라하게 매장할 수는 없는 일이다. 최소한의 분묘 형태를 갖추어 묘소를 마련하려면 당시 고구려의 활동 범위로 보아 중국 땅 어디에도 숨길 곳이 없다고 보았을 것[33]이다. 일본 열도도 안전할 수 없다. 무령왕

---

33) 당(唐)이 건국된 618년 초기와 그 이전 수(隋)나라 때 중국 땅은 려(麗)·제

의 장자 순타태자 가족이 야마토에 있었기에 무령왕 죽음이 알려질 수 있다고 생각했을 것이다. 이런 점에서 한반도 공주 땅이 선정된 것 같다. 그리고 묘를 쓰면서 비석을 대신하는 지석을 무덤 속에 숨긴 것이다.

　이같이 비밀을 유지한 결과 부왕의 장례(523년)와 왕비의 장례(526년)를 비밀리에 치를 수 있었다고 본다.

　무령왕릉 발굴 50주년이 됐는데도 그동안 풀지 못한 수많은 의문점이 남아있다. '무령왕 독살설'이란 열쇠로 보면, 이들 의문점을 한꺼번에 모두 풀 수 있다.

　또 하나, 민족사학자 중에는 '독살 공모설'을 주장하는 학자도 있다. 성왕이 모후, 왕비 연씨와 공모하였다는 것이다. 그래서 성왕을 불효자로 보는 견해도 있다. 이는 잘못된 해석이라고 본다.

　(濟)·라(羅)·수(隋)가 공존하고 있었다. 오운홍, 『한반도에 백제는 없었다』, pp.213~216. 참조

첫째는 성왕의 나이가 왕비 연씨보다 많다. 앞서 ⑵ '6호분의 주인공은 누구인가?'에서 밝혔다.

둘째는 왕비 지석에 '국왕 대비'라 하였는데, 명농(성왕)과 왕비의 나이를 감안(勘案)할 때 왕비와 성왕은 모자지간이 될 수 없다.

왕비 연씨가 명농(성왕)과 모자지간이 아니라도 독살에 공모할 수 있는 것 아니냐고 주장한다면, 이들 사이에는 또 다른 어떤 관계라는 의심을 갖게 하는 요인이 될 수 있다. 왕비 연씨가 투기한 정황이 〈고구려사략〉 말고도 〈백제본기〉에 〈고구려사략〉을 뒷받침할만한 정황이 명백히 있는데, 성왕을 독살 공모에 끌어들이는 것은 이해할 수 없는 상상이다. 아마도 왕권이 탐이 나서 공모했다면 명농은 즉각 왕위에 올랐을 것이고 내란에 휘말렸을 것이다. 왕비 연씨의 단독 범행이라면 명농은 측근들과 비밀에 부치고 왕비 연씨를 유폐시켰을 것이다.

성왕은 '무령왕 독살'을 공모한 것이 아니라 철부지 어린 왕비가 저질러놓은 어마어마한 국가적 위기를 수습하는 과정에서 한반도에 부왕의 묘를 쓰게 된 것으로 본다.

무령왕 독살설은 〈고구려사략〉 말고는 어느 문헌에서도 발견되지 않고 있다. 때문에 〈고구려사략〉 하나로는 교차 검증이 되지 않아 사료로서 불충분하다고 주장하는 이도 있을 수 있다. 그런데 무령왕릉 관련 10여 개의 미스터리가 발굴 50년이 되어도 풀 수 없는 상황에서 '무령왕 독살설'이란 열쇠로 모든 의문이 일시에 말끔히 풀린다면 '독살설'이란 열쇠가 맞는 것이다.

의문점이 일시에 풀린다는 자체가 결정적 증거라고 볼 수 있다.

10.
무령왕릉 열쇠로 본 백제

무령왕릉 발굴(1971.7) 50주년이 되었는데 아직도 풀지 못한 미스터리가 열 가지가 넘는다. 우리에겐 궁금증의 연속이고, 사학계는 성의가 없다는 불만의 화살에 당혹하였을 것이다.

앞(9)에서 얻은 '무령왕 독살 → 고구려의 시선을 피해 은폐됐다'라는 열쇠를 가지고 그동안 풀지 못했던 미스터리의 문들이 모두 열렸다.

무령왕의 갑작스런 죽음에 대해, 당시 백제 백성도 모르고 고구려나 왜의 정권도 모르는 상황에서 한반도 공주 땅을 골라서 비밀리에 장례를 치르고자 하는 정국 수습과정에서 이뤄진 것으로 본다.

그동안 풀지 못한 미스터리를 이와 같은 '독살설과 (한반도) 은폐'라는 열쇠로 다시 풀어보자.

1. 왕비 지석이 말하는 서쪽 땅은?

왕과 왕비가 생전에 살던 곳이 중국 절강성에 있는 월주 백제의 땅으로 본다. 무령왕릉에서 보면, 그리고 지도상에서 컴퍼스로 재면 바다 건니 서남쪽이 된다. 당시 한반도에 도착하려면 월주의 주산군도에서 소흑산도를 거쳐 가려면 동쪽으로 항로를 열어가야 한다.

그래서 무령왕을 기점으로 하면, 편의상 서쪽으로 기록한 것 같다.

2. 송산리 6호분의 주인공은 누구?

무령왕릉에 묻힌 국왕 대비는 어금니(사랑니)의 발견으로 보아 성왕보다 나이가 어린 연하이므로 서로 모자지간이 될 수 없다. 무령왕릉에 합장된 왕비는 성왕의 모후는 아니다.

6호분은 관대가 하나인 것으로 보아 부부 합장능은 아니다.

무령왕릉을 조성한 성왕과 그의 부왕인 무령왕과 가장 가까운 관계에 있는 사람은 서자 명농[성왕]의 어머니라고 본다.

! 3. 무령왕릉 유물은 중국과의 교류 흔적이 아니다.

왕릉에서 발굴된 도자기나 오수전이 망자가 생전에 사용했던 것이라면, 왕궁 밖에서 왕족들도 사용하였을 것이고 그 흔적으로 파편 조각이라도 발견될 것으로 보았는데 한 조각, 한 닢도 출토되지 않는다. 출토되지 않는 이유를 종합하면 중국에서 분묘 조성용으로 가져왔다고 본다.

! 4. 무령왕릉 매지권이 구체적 상거래 요건을 갖춘 이유는?

무령왕이 독살되고 비밀에 부쳐야 할 상황에서 중국에 있는 백제가 공주를 관할 하는 마한 소국과 장례 절차와 묘지 확보를 협의하는 과정에서 실제로 거래가 이뤄졌을 것이다.

매지권에 기록된 돈 1만 문이 발견되지 않는 것에 대하여, 토왕은 공주 지역에서 사용하지 않는 양나라 오수전으로 받지 않고 그에 상응하는 금은 제품 혹은 선진 공산품으로 받았을 개연성이 있다.

5. 양나라 묘제가 왜 한반도에 있나?

한마디로 말해 독살당한 무령왕릉만 숨겨야 했던 절박함이 있었다. 다른 왕의 묘소는 이와 같이 숨길 필요가 없었다. 실제로 양나라 묘제와 같은 전축분(벽돌무덤)은 한반도에서 6호분과 무령왕릉 뿐이다.

『한단고기』를 쓴 임승국 교수가 문교공보위원회의 국회청문회(1981.11.27.)에서 증언한 속기록 내용을 보면, "무령왕릉에 관한 말씀도 했습니다만, 중국 땅에 가보면 무령왕릉과 꼭 같은 양나라 묘제가 많이 있는데, 무령왕의 묘제는 이상하게도 양나라 묘제와 꼭 같습니다. 그렇다면 양나라하고 백제는 어떤 관계가 있었던 것이 틀림없지 않겠습니까? 그러나 과거와 같으면 으레 이렇게 생각(들)을 했어요. 즉 '묘제가 같으니 아마도 양나라 쪽에서 백제를 쳐들어왔을 것'이라 생각했을 거예요. 그러나 반대로 '백제가 양나라에 진출했을지도 모른다.'고 생각지는 못했습니다." 라며, 임교수는 수준 높은 묘제 건축 기술을 양나라와 그 이웃의 월주 백제가 공유하고 있었다고 증언하고 있다.

왜 전축분인 무령왕릉만 한반도에 있나 하는 물음의 답은 독살에 의한 은폐 때문에 그리 한 것으로 본다.

! 6. 지석에 왕 이름을 쓰지 않는 이유가 무엇일까?

지석에는 '영동대장군 백제사마왕(寧東大將軍百濟斯麻王)'이라는 칭호가 새겨져 있다. 영동대장군은 양나라에서 책봉한 관직이고, 사마(斯摩, 斯麻)는 대왕의 휘(이름)이다. 무령(武寧)과 같은 휘호(徽號)나 시호(諡號), 연호(年號), 묘호(廟號) 등을 쓰면 만약의 사태에서 신분이 밝혀질까 두려워해서 숨긴 것으로 본다.

비석 없이 무덤 안에 지석을 새겨넣은 것도 '알림'이 아니라 '감춤'이라는 의도가 있었다고 본다.

! 7. 왕릉이 왜 작은가?

왕릉 규모가 작은 이유 중 하나가 능묘를 크게 하여 도드라지게 보일 필요가 없었기 때문으로 본다. 숨기려면 그 주위의 분묘와 크기가 비슷하게 조성해야 했을 것이다.

또 하나 이유로 무령왕릉 건축 기술팀이 벽돌을 바다 건너에서 신고 오지 않았나 하는 가설을 제기한다. 무령왕릉 인근에서 벽돌을 구웠을 가마터가 발견되지 않았다. 벽돌을 현지 조달하지 않고 중국에서 가져온 까닭은 거푸집이나 굽는 시설과 적정 온도 유지 등 기밀 유출을 우려한 것으로 본다. 또 선박으로 벽돌을 운반하는 데에는 한계가 있으며, 무령왕릉과 성왕의 모후능(6호분)을 조성하려면 규모를 크게 할 수 없었을 것이다. 벽돌 생산지에 대한 연구는 앞으로도 계속 되야할 과제라고 생각한다.

8. 왕릉이 왜 다른 고분과 잇대어 있는가?

왕릉 옆에는 다른 능묘를 쓰지 않는다는 존엄 의식이 있다.

그런데 다른 고분들과 잇대어 있어 정상적인 왕릉이라고 볼 수 없다. 만약에 비밀을 유지하고 숨겨야 할 목적이 있어 조성된 것이라면, 허허벌판에 홀로 있으면 눈에 띌 가능성이 있다. 다른 분묘와 크기도 비슷하고, 잇대어 있으면 나중에 구분이 안되어 은폐의 목적에 부합하기 때문이다. 실제로 일제 때 가루베나 그 후의 도굴범까지도 알아차리지 못할 정도라면 은폐 목적은 어느 정도 이룬 셈이다.

9. 한반도에 없는 금송을 쓴 까닭은?

금송은 삼국시대인 고대 한반도에서는 나지 않는 나무였다. 공주 지역에서 마련할 수 있는 목재가 아니다. 지질학 자료에 의하면 마이오세(1~2천만 년 전) 동안 한반도 남부에도 자생한 흔적이 화석으로 남아있지만 이후 완전히 사라져 버렸다고 한다. 최근에는 수입 배양한 금송 묘목을 종묘, 나무 시장에서 구할 수 있다.

이런 금송의 생태를 감안하여 사학계는 목재를 일본에서 가져와 백제인이 제작하였거나 일본에서 제작하여 백제로 보내졌을 것으로 추정하고 있다. 학자들은 무령왕과 왕비의 금송 목관은 당시 백제와 일본의 밀접한 교류를 입증하는 귀중한 유물이라고 말하고 있다. 그런데 중국 절강성 태주 지역이 금송 주산지로 밝혀지면서 무령왕의 월주가 절강성에 있었다는 것이 더욱 선명해 졌다.

장례 절차 중 입관이 먼저이고 발인이 다음에 이뤄지는 절차인데, 죽음 전에 미리 준비하지 않는 한 한반도에 없는 금송 판자로 관을 만들기는 어려운 일이다.

10. 무령왕 즉위(40세) 이전의 행적은?

무령왕릉 지석의 발굴로 왕이 40세에 동성왕의 대를 이었다는 계산이 나왔다. 그전에는 『삼국사기』〈백제본기〉무령왕 원년의 기록을 놓고 '왕위 찬탈'로 보는 학자도 있다.

또 〈양직공도(梁職貢圖)〉의 기록에 보면, '백제는 도성을 고마(固麻)라 하고 읍을 담로라 하는데 이는 중국의 군현과 같은 말이다. 그 나라에는 22담로가 있는데, 모두 왕의 자제와 종족으로 나누어 다스리게 했다(號所治城曰固麻, 謂邑檐魯 於中國郡縣有二十二檐魯, 分子弟宗族爲之)'는 내용이 있는데, 절강성에 있는 무령왕의 월주 백제는 담로국이었고, 동성왕이 있던 웅진은 백제의 도성 고마라고 본다. 동성왕의 시해 사건 이후 무령왕이 대를 이음으로써 월주 백제는 담로국에서 백제 도성 고마의 지위를 획득한 것으로 본다. 월주 백제의 도성도 따라서 고마로 불렸을 개연성이 있다.

무령왕이 40세 이전에 이미 담로국 월주백제를 경영하고 있었다.

무령왕 원년의 기록은 담로국의 왕으로서 '왕권 수호'의 위엄을 보인 것으로 해석할 수 있다.

! 11. 무령왕릉 건축 기술자의 행방은?

무령왕릉 건축은 아치형 터널식 벽돌무덤이기 때문에 고급 건축 기술이 필요하다 벽돌 한 장을 굽더라도 6면 모두 직각을 이루는 정각의 직육면체가 아니라 6면(六面) 중 두 측면은 사다리꼴이고, 상하를 이루어 마주 보는 두 면은 직사각형 크기가 다르며 나머지 두 면만 직사각형을 이루는 사다리꼴 육면체라서 벽돌 한 장, 한 장이 전체적으로 볼 때 쐐기 모양에 가까운 직육면체를 이뤄야 한다. 더구나 아치형 천정의 각도에 따라 미세하게 사다리꼴 두 면에서 윗변과 아랫변의 비율을 기하학적으로 조정하여 낱개의 벽돌을 만들고 구워내야 한다. 이러한 고차원의 건축 기술이 양나라에는 있었고, 그 이웃에 있었을 것이라고 추정되는 백제도 공유하고 있었다고 봐야 한다.

이에 비해 국사학계가 사비 백제의 왕릉으로 보고 있는 부여 능산리 고분군은 평평한 횡혈식 석실로 기술 수준으로 보면 몇 백 년이 뒤떨어져 있다고 본다.

무령왕릉 조성 시기는 왕의 지석에 기록된 그대로 을사년 (525년) 8월 12일경으로 본다. 이와 비교되는 부여 능산리 고분군은 사비 천도 이후에서 무왕이 사망한 해를 기준으로 추리하면 대략 538~641년에 조성되었다고 본다. 왕에 따라서는 무령왕릉 보다 100년 후에 조성된 왕릉도 있는데 기술이 낙후된 까닭을 설명할 수 없었다. 그런데 '독살-은폐설'로 보면 이런 문제가 풀리면서 부여가 사비성이 아니라는 새로운 문제에 직면하게 된다.

이처럼 무령왕릉을 둘러싼 10여 개의 의문점이 '무령왕이 독살되어 부득이 은폐 조성된 능'이라는 열쇠(Key)로 열었더니 눈 녹듯 일거에 풀렸다.

'무령왕 독살설'이 정답이 아닐까?

1+2=□ 일 때, □안에 들어갈 숫자나 기호는 오직 '3'이다. 다시 말해 3이란 숫자가 정답이다.

무령왕을 둘러싼 문제(비밀)들에 대입시켜 모두 한꺼번에 풀 수 있는 정답이 '무령왕 독살설'이다. '독살설'이란 Key로 문제들이 모두 풀린다. 불명예스럽기는 하지만 정답으로 인정하지 않을 수 없다.

무령왕이 독살된 후 이를 숨기기 위해 무덤을 한반도에 숨기면서 여러 비밀이 생긴 것이다.

백제가 한반도에 존재하지 않았다는 필자의 주장을 보고, 독자들은 물론 국민 모두 놀라움을 금치 못할 것이다. 그리고 기존 국사학계의 거센 반발과 비판과 공격이 예상된다. 필자에게 비판과 공격을 하려면 먼저 이에 대한 답을 마련해야 할 것이다. 그리고 한국사를 전공하신 분을 만나면 이에 대한 답을 물어보시라.

백제는 한반도에 존재한 적이 없었다.

① 세계사에서 주춧돌이 없는 궁궐을 들어 보았는가? 고구려나 신라의 왕성에는 있는데, 백제 왕성이라 하는 풍납토성, 몽촌토성, 웅진 공산성, 부여 사비성에는 주춧돌이 없다. 어떻게 생각하는가?

② 신라의 스님 자장(慈藏)율사가 640년에 창건했다는 공주 마곡사(麻谷寺)는 '한국사'로 본다면 백제 땅에 있다. 백제 멸망 20년 전 일이다. 당시 신라(선덕여왕)와 백제(무왕)는 전쟁 중이었다. 적지에서 마곡사 창건이 가능한 일인가?

③ 이보다 앞서 권좌에서 물러난(575년) 신라 진흥왕이 전북 고창 선운사를 창건했을 때 백제는 위덕왕 때이다. 만약 그곳이 백제 땅이라면 위덕왕이 부왕(성왕)을 죽인 진흥을 그대로 둘 수 있을까?

④ 한국사에서 말하는 한반도의 서남부 백제 땅, 김제 호남평야에 '벽골지(碧骨池)'를 건설한 나라는 신라(흘해이사금)이다. 『삼국사기』〈백제본기〉에는 '벽골지' 관련 기사가 없다. 벽골지가 있는 호남평야를 백제 땅이라 할 수 있나?

⑤ 공주 송산리 무령왕릉 지석에 새겨진 토지매입권(土地買入卷)을 어떻게 설명해야 하나? 한국사에서 말하는 웅진성(공산성)에서 1~2km 정도밖에 안 되는 왕의 영역인데, 돈을 주고 묘터를 마련한다는 것이 말이 되는가?

⑥ 무령왕릉보다 100년 후에 조성되었다는 부여(사비성) 능산리 고분군을 백제의 왕릉으로 보고 있는데 아치형 천정이 아니고 평평한 횡혈식 석실이다. 기술이 후퇴한 까닭이 무엇인가? 백제 땅이 맞는 것일까?

⑦ 최근(2018년) 전북 완주군에서 가야 시대 제철 유적과 유물이 발견되었다. 유적지 중 비봉면은 익산군 미륵사지와 백제 왕궁설까지 거론되는 금마면과 붙어있는 곳이다. 과연 두 개의 국가가 변방도 아니고 왕궁 인근까지 가야의 제철 기지가 진출할 수 없는 일이다. 백제왕궁설은 어디까지나 '설(說)'이고, 가야 유적은 실물을 확인할 수 있는 물증이다. 백제는 앞서 제기한 여러 의문을 종합할 때 이곳에 존재하지 않았다고 봐야 옳다.

⑧ 한양대학교 박물관에서 14차에 걸쳐 경기 하남시 이성산성(二聖山城)을 발굴한 결과 신라 유물은 나왔으나 백제 유물이 출토되지 않았다. 이성산성은 조선 후기 실학자 정약용을 포함해서 여러 학자들이 '춘궁동(春宮洞)설'을 내세워 한강 이남의 백제 도읍지로 보던 곳이다. 그리고 한국사에서 보는 한성백제의 지역 안에 있는 석성이다.

백제 유물이 출토되지 않은 것은 무엇을 말하는가? 백제가 존재하지 않았다는 것 아닌가?

⑨ 금동대향로가 부여 능산리 절터에서 발견되었다고 해서 백제 유물로 볼 수 있는가? 발견된 곳이 공방 터 하는데 '공방 터' 근거가 뭔가? 향로에 '백제금동대향로'라는 명칭을 붙였다고 해서 백제 유물이 되는가? '금동대향로'를 가지고 백제의 한반도 존재를 말할 수 없다고 본다.

⑩ 『삼국사기』와 『남제서』에 있는 백제와 북위와의 전쟁 기록을 보면, 북위는 산둥반도의 지난(濟南)과 지닝(濟寧)을 잇는 전선(戰線)을 넘지 못한 것[34]으로 보아 한반도에 백제가 존재하지 않았음을 알 수 있다.

첫째, 북위의 기병 수십만에 맞설 백제의 군대가 얼마나 많아야 하며, 그 많은 백제 병력이 어떻게 바다를 건넜을까? 둘째, 북위는 기병을 주축으로 신속하게 공격하는데, 3차례 침공에 대비하여 신속하게 백제 군사가 바다를 건너갈 수 있었

---

34) 오운홍, 『한반도에 백제는 없었다』, pp.108~113.

을까? 셋째, 침공에 대비하려면 6년(484~490년) 동안 동성왕이 한반도 웅진성과 조정을 비워 둬야 하는데, 그동안 군대 유지비는 어떻게 충당했을까?

이에 대한 답변이 궁색하여, 북위가 바다 건너 공격해 왔다고 주장하는데, 첫째, 남조를 공략해야 할 북위가 바다 건너 백제를 공격한다면 전력을 분산, 약화시키는 결과를 가져오게 되는데 북위에서 그렇게도 할 일이 없었는가? 둘째, 북위가 유목 국가로서 전통적으로 수군에 약하다는 점이고, 보병이면 몰라도 말과 동승 해야 하는 기병 수십만을 바다 건너 이동한다는 것은 거의 불가능한 일이다.

백제가 중국 땅에 있으면 이와 같은 다섯 가지 질문을 할 필요가 없어진다.

11.
곤지왕과
무령왕과의 관계

망자(무령왕)의 집, 무령왕릉의 여러 비밀이 발굴 50년 동안 풀지 못한 의문으로 남아있는데, '무령왕 독살설'로 일거에 풀어낼 수 있게 되었다. 그렇지만 무령왕 출생의 비밀은 오리무중(五里霧中)이다.

다음에 제시하는 동양사 기록(카드①~⑥)을 비교하면 모순을 발견하게 된다. 이러한 모순점을 보완하여 연결하면 백제 역사의 진실을 찾을 수 있다는 가능성을 발견할 수 있으며, 후학들에게 백제사 연구의 실마리가 될 수 있다고 본다.

> **카드①**
>
> 제25대 무령왕은 (24대) 동성왕(모대왕)의 둘째 아들이다.
> (출처; 『삼국사기』 〈백제본기〉 무령왕 조)
>
> 제24대 동성왕은 (23대) 문주왕의 아우 곤지의 아들이다.
> (출처; 〈백제본기〉 동성왕 조)

> 제22대 문주왕은 21대 개로왕의 아들이다.
> (출처; 〈백제본기〉 문주왕 조)
> *『삼국사기』에 의하면, 무령왕은 곤지의 손자이며 개로왕의 증손자가 된다.

국내 역사 연표의 하나인 백제 왕실 세계(世系, 계보)는 『삼국사기』의 기록을 근거로 해서 만들어진 것이라 할 수 있다.

> 카드②
> 815년에 만들어진 일본 〈신찬성씨록(新撰姓氏錄)〉에 곤지는 백제 비유왕의 아들이라고 적혀 있다.
> 720년에 완성된 『일본서기』에는 '곤지왕이 백제 개로왕의 동생으로 461년에 왜국으로 향했다'라고 기록되어 있다.[35]

일본서기에 의하면, 개로왕(여경)은 비유왕이 즉위하기 전, 첫째 부인(처) 해수의 소생이고, 곤지왕은 비유가 즉위한 뒤

---

[35] 『일본서기』 웅략 5년 461년 6월 기사에, '6월 1일에 임신한 부인이 가수리군(加須利君, 개로왕)의 말처럼, 축자(筑紫·츠쿠시)의 각라도(카라노시마)에서 아이를 낳았다. 그래서 아이 이름을 도군(島君)이라 하였다. 이에 군군(軍君, 곤지昆支)이 곧 배에 태워 도군을 본국으로 돌려보냈다. 그가 곧 무령왕(武寧王)이다. 백제 사람들은 이 섬을 주도(主島)라 불렀다.'

첫 왕비 위이랑(넷째 부인, 야마토 왜국 왕녀)의 소생이라 하고, 문주왕은 비유의 다섯 번째 부인 주씨(신라 눌지왕의 딸)의 소생이라 한다.

> **카드③**
>
> 『일본서기』에 따르면 (왜국) 천황에 보낸 왕비감인 지진원(모니 부인의 딸)의 불미스러운 일(458년 7월)[36]로 개로왕이 461년 4월에 천황을 달래기 위해 아우 곤지에게 왜로 건너가 천황을 보필하라고 명하자, 곤지는 대가(deal)로 왕의 부인을 청한다. 개로왕은 임신한 부인을 주며 말한다. "부인은 이미 산달이 됐다. 만일 가는 길에 출산하면 어디에 있든 배 한 척에 (아이를) 실어 속히 본국으로 돌려보내도록 하라."는 사연이 있다.

외교적으로 난처해진 개로왕이 곤지에게 왜국 파견(볼모?)을 명하자, 곤지가 왕에게 부인(후궁)을 달라는 deal을 제안하였다. 이러한 협상 조건을 제시할 수 있다는 것으로 보아 부자지간은 절대 아니라고 본다.

---

36) 지진원은 입궁에 앞서 다른 남자와 정을 통해, 천황의 대노를 사서 정부(情夫)와 함께 화형을 당한다.

카드①에 비해 카드②와 ③은 매우 구체적 정황을 말해준다. 특히 카드③의 정황(개로왕의 부인을 달라는 조건)으로 볼 때 개로왕과 곤지와의 관계는 부자지간이 아니라 형제지간으로 보인다.

> **카드④ 검은 용**(흑룡, 黑龍)
>
> 『삼국사기』〈백제본기〉에 따르면 20대 비유왕 29년(455) 9월에 검은 용이 한산에 나타나고 왕이 세상을 떠났다.
>
> 개로왕(21대) 조에 보면, 즉위 원년(455)에서 14년(468)까지 활동 기록이 전혀 없다.

〈백제본기〉에서 21대 개로왕은 20대 비유왕의 맏아들(長子)로 기록하고 있다.

'비유왕 29년(455년) 9월에 검은 용이 한산에 나타나고 왕이 세상을 떠났다'는 기록은 왕의 시해 사건으로 본다. 맏아들 개로왕이 이러한 과정을 거쳐 왕권을 쟁취했다는 것과 개로왕 즉위 14년간 기록이 없다는 역사적 사실 그 자체가 검은 용과 개로왕 세력의 연관을 말하는 것이며, 이 기간이 정변과 혼란의 지속과 왕권 수립 기간이 길었음을 시사한다.

이 상황에서 추론할 수 있는 것은, 20대 비유왕이 평소에 왕위를 넘기고자 지목한 왕자는 맏아들 경(慶)이 아닌 곤(昆)으로 본다. 비유왕은 생전에 여곤(餘昆)에게 병권을 맡기고 있었다는 기록이 있다.

『삼국사기』〈백제본기〉의 기록으로 보면 개로왕 즉위 원년(455년)에서 14년(468년)까지는 문헌 기록상에 암흑기라 할 수 있다.

그런데 이 시기에 해당하는 백제와의 관계를 기록한 송(宋, 420~478년)나라의 역사서, 『유송서』(남제 때 편찬)의 기록에 남아 있다.

카드⑤

여비(餘毗, 비유왕)가 사망하니 아들 부여 경(慶, 개로왕)이 보위를 이었다.

457년(世祖大明元年) 사신을 보내 관직을 요청하니 허락하였다.
458년(大明二年) 백제왕 여경(餘慶)이 사신을 보내 표문을 올렸다.[..생략... 벼슬을 주십시오.]
이에 행관군장군우현왕(行冠軍將軍右賢王) 여기(餘紀)는 관군장군

> (冠軍將軍)으로, 행정로장군좌현왕(行征虜將軍左賢王) 여곤(餘昆, 곤지왕)과 행정로장군(行征虜將軍) 여훈(餘暈)은 정로장군(征虜將軍)으로, 행보국장군 여도(行輔國將軍 餘都, 문주왕)와 여예(餘乂)를 모두 보국장군(輔國將軍)으로, –후략–(毗死, 子慶代立. 世祖大明元年, 遣使求除授, 詔許. 二年, 慶遣使上表曰:「臣國累葉, 偏受殊恩, 文武良輔, 世蒙朝爵. 行冠軍將軍右賢王餘紀等十一人, 忠勤宜在顯進, 伏願垂愍, 並聽賜除.」仍以行冠軍將軍右賢王餘紀為冠軍將軍. 以行征虜將軍左賢王餘昆, 行征虜將軍餘暈並為征虜將軍. 以行輔國將軍餘都, 餘乂並為輔國將軍…)

이 기록에 의하면, 개로왕 초기 14년을 정치적 혼란기로 보았는데 457년(개로왕 3년)에 송나라에 사신을 보내 관직을 요청하는 외교가 있었다. 이는 불안한 정국을 외교적으로 국제사회에서 굳히는 전략이라고 본다. 그리고 461년(개로왕 7년)에 곤지를 왜국에 파견했으니 왕권의 안정을 찾은 것으로 볼 수 있다.

이 기록에서 눈에 띄는 부분이 '행정로장군좌현왕(行征虜將軍左賢王) 여곤(餘昆, 곤지)'이다.

당시 백제가 밖으로는 고구려의 통제를 받는 상황[37]이고 안으로는 왕위 계승을 둘러싼 왕비족과 지배층 내의 분열과 대립으로 지방에 대한 통제력이 상실되자 이를 보완하기 위해 개로왕은 좌우현왕제와 대왕제(왕족 중심의 지배 체제)를 실시한 것 같다.

좌우현왕제는 북방 유목 민족에서 행해지던 통치 체제로 왕은 중앙을 통치하고 가까운 왕족(또는 왕위계승권자)을 좌현왕과 우현왕으로 임명하여 지방 통치를 맡기는 일종의 분할 통치 체제이다.

개로왕은 부여족의 전통을 계승하여 가까운 왕족인 여기를 우현왕, 동생인 여곤(곤지)을 좌현왕에 임명하고 각각 관할 지역을 통치하게 하여 지방 통치를 강화하였다. 또 개로왕은 중앙의 신료 및 지방 토호들에게 왕, 후 등의 지위를 부여하고 자신은 왕 중의 왕이라는 대왕의 지위에서 통치하는 형식을 취하였던 것 같다. 즉 22담로국[38]의 왕을 말한다.

---

37) 오운홍, 『한반도에 백제는 없었다』, pp.150~153.
38) 〈양직공도〉 참조, 오운홍의 『한반도에 백제는 없었다』 pp.132~133.

개로왕이 삼국사기의 기록처럼 흑룡의 출현과 부왕(비유왕)의 시해라는 돌발적 사건으로 왕위를 쟁취했다면 왕비족과 왕족 내부에서 권력 투쟁이 일어난 것으로 봐야 한다. 개로왕 때 상좌평[39]은 문주가 맡고 있었고 병권은 좌현왕인 곤지가 장악하고 있었다. 그런데 문주는 삼국사기에 성격이 우유부단[40]하다고 기록되어 있어 개로왕에게 정치적으로 위협이 될 인물은 아니었던 것 같다.

　그러나 곤지는 달랐다. 병권을 장악하고 있었던 것으로 보아 강인한 인물이었을 것이고 이는 개로왕에게 큰 도움이 될 수도 있었겠지만 반대로 위협이 될 수도 있었을 것이다. 일본서기에서 곤지를 군군(軍君)으로 호칭하고 있는 것은 좌현왕으로서 병권을 장악하고 있었기에 그에 맞는 호칭이라고 본다.

　여기서 유추할 수 있는 것은 곤지의 왜국 파견을 정적 제거로 볼 수 있다. 카드②에서 보았듯이 여경(개로왕)은 비유왕의

---

39) 전지왕 4년(408) 봄 정월에 상좌평 관직을 처음으로 채택하였는데 고구려의 영향을 받은 것이다.

40) 〈백제본기〉 문주왕은 성품이 부드러워 일을 잘 결단하지 못했다.(性柔不斷)

장자이기는 하나 왕위 승계의 위치가 아닌 것이다. 비유왕이 왕위에 오른 후에 첫 왕비의 소생인 곤지가 유력했던 것 같다. 개로왕이 즉위 직후 송 왕조로부터 체제 인정을 받기 위해 보낸 표문에 있는 그대로 군권을 가진 곤지를 좌현왕으로 호칭한 것을 보면, 비유왕이 이미 곤지에게 군권을 주었던 것 같다.

비유왕의 갑작스런 죽음으로 혼미해진 정국에서 개로왕이 권력을 쟁취하는 과정에서 차츰 곤지의 군권이 쇠약해졌고, 곤지의 여인마저 빼앗긴 것으로 본다.

개로왕은 곤지의 세력을 약화시켰지만 언제나 불안한 존재이므로 왜국 파견을 명분으로 정적을 제거한 것으로 본다.

이때 곤지는 형(개로왕)의 명을 피할 수 없는 상황에서 형에게 빼앗긴 여인(형수 연燕씨)[41]을 도로 찾는 조건을 내놓은 것으로 유추할 수 있다. 이렇게 보면, 곤지가 deal을 한 이유가 빼앗긴 여인에 대한 연민의 정인지, 아니면 뱃속에 든 아기가 자신의 핏줄이어서 집착한 것인지도 모른다. 이는 독자가 판

---

41) 남당 유고의 〈고구려사략〉 참조

단할 부분이라고 본다.

　이에 따라 호적상의 부친(개로왕)과 생물학상 부친(곤지왕)이란 논쟁이 따를 수 있다.

　참고로 『백제신찬』과 『일본서기』에는 무령왕이 개로왕의 동생인 곤지의 아들이고, 동성왕은 이복형으로 기록되어 있다.

　이 논쟁은 개로왕이 과연 정변을 일으켰을까? 그리고 어떤 세력의 지원을 받았을까에서 출발한 것이다.

　백제왕의 시해 사건은 외세의 개입과 관련 있다

> **카드⑥**
> 〈백제본기〉 비유왕(20대) 29년(455년) 9월 '흑룡'이 한산에 나타났다. 잠깐 사이에 구름과 안개로 어두워지며 용이 날아가 버렸다. 왕이 세상을 떠났다.
> 〈백제본기〉 문주왕(22대) 3년(477년) 5월에 '흑룡'이 웅진에 나타난다. 7월에 내신좌평 곤지가 죽었다.

용을 보통 왕으로 대신 표현하지만 여기서는 흑룡인데 왕권을 위협하는 세력으로 볼 수 있다. 비유왕 29년의 흑룡은 왕을 죽였고, 곤지 왕자 대신에 여경이 왕권을 쟁취한 것으로 본다. 그리고 문주왕 3년의 흑룡은 곤지를 죽였고 다음 해 문주왕의 죽음으로 이어졌다.

두 번이나 나타난 용의 색이 같은 흑룡이다. 사가(史家)는 두 흑룡이 동일 세력으로 보았기에 같은 색을 쓴 것 같다.

흑룡은 왜(why) 왕권을 위협했을까?
친왜 정권을 창출하려는 전술로 본다.

필자는 친려(親麗) 정권과 친왜(親倭) 정권에 대한 외세의 위협과 대결 구도를 앞에서 열거하였는데 이 시기의 정국 변화는 흑룡의 출현에 따른 요인이라고 본다.

다시 국제적 감각에서 백제를 보자. 친려 정권으로 전환하게 된 시점은 광개토왕의 침공에 항복한 17대 아신왕 이후의 일이다. 18대 전지왕, 19대 고이신왕, 20대 비유왕 때를 친려 정권으로 본다. 이때 권력 구조는 상좌평을 중심으로 귀족이 형성되었고, 상대적으로는 전통적인 왕족 중심의 권력이 쇠약해져 갔다.

이때 흑룡의 지원을 받은 21대 개로왕은 귀족을 내몰고 왕족을 내세웠으며 친왜 정책을 추구하였다. 이 때문에 개로왕은 고구려 장수왕의 공격 표적이 된다. 실제로 장수왕이 한성을 침공하여 개로왕을 죽이고 곧바로 퇴각하였다. 보통의 상식과 전례로 보면, 전승지에 진을 치고 그곳에 고구려의 군현을 두게 된다. 그런데 그곳에 군현을 두지 않고 개로왕을 제거하는 것으로 끝내고 퇴각한 것이다. 이는 무엇을 말하는가, 장수왕의 출병은 개로왕 제거라는 족집게 전략에 있었다고 본다.

22대 문주왕은 선왕(개로왕)의 죽음을 보며 친려 성향을 띠었을 것으로 본다. 문주왕의 외가 신라는 고구려와 친밀을 유지하면서 왜와 적대관계에 있었다. 문주를 돕기 위해 좌평이 된 곤지도 부왕의 유지를 받들어 친려(親麗)성향이기도 하고 부왕인 비유왕 때 흑룡 출현으로 왜국(야마토)의 피해자 였다. 이러한 친려 정권에 또 한 번의 흑룡 진입이 나타난 것이다.

이렇게 두 번의 흑룡 출현을 종합하면 '흑룡'이란 친려 정권을 붕괴시키고자 하는 왜국의 세력이 아닌가 한다.

23대 삼근왕이 부왕 문주의 살해범을 처리하는 과정이나 좌평 해구의 배반 등을 고려할 때, 친려와 친왜의 대립과 치정(癡情) 관계 등 복잡한 관계가 얽혀 있었다. 삼근왕이 13세에 왕위에 오르고 15세에 세상을 떠났다면 자연사는 분명 아니다. 이 사건도 분명한 외세의 개입으로 본다.

24대 동성왕의 즉위를 보며 새삼 친려와 친왜의 대립 구조를 실감하게 된다.

『일본서기』〈웅략기〉는 '삼근왕이 죽자 야마토의 웅략왕이 5백의 축자(筑紫) 군사를 호송시켜 말다(동성왕 모대)를 백제에 보냈다고 적고 있다.[卄三年(479년) 夏四月 百濟文斤王薨 天皇以昆支王五子中 第二末多王幼年聰明 勅喚內裏 親撫頭面誠勅慇懃 使王其國 仍賜兵器 幷遣筑紫國軍士五百人 衛送於國 是爲東城王]'

이같이 『일본서기』는 삼근왕이 먼저 죽었고, 이에 따라 어린 왕(모대) 호위를 명분으로 500명 파견을 정당화한다.

그런데 〈고구려사략〉에 의하면, 삼근왕이 죽기 전에 모대와 호위병이 이미 백제에 와 있었다는 것을 확인할 수 있다.

〈고구려사략〉과 『일본서기』의 두 기록을 비교해 보면, 어느 한쪽이 정확하지 않다고 본다. 어느 쪽이 분명한 거짓 기록이다.

필자는 이 부분에 대해서는 『일본서기』의 기록이 거짓이고 위장된 표현이라고 본다. 그 이유는 다음과 같다.

첫째, 친려와 친왜의 대결구도로 볼 때 삼근왕의 죽음을 제3의 흑룡 사건으로 본다.

둘째, 삼근왕이 죽고 후사가 없다면 삼근의 동생이 이어갈 수 있는데 왜 갑자기 모대가 나서야 하는지? 모대가 대를 이을 명분은 있으나 크지 않다고 본다.

셋째, 〈고구려사략〉에 기록된 삼근과 모대의 관계[42] 행위

---

42) 〈고구려사략〉 「장수대제기」에는 해구가 반란을 일으키게 된 배경을 자세

가 매우 정치적이고 구체적이다.

넷째, 당시 백제는 고구려의 속국이었다. 〈고구려사략〉의 기록은 당시 파견된 (주재) 외교관의 시각에 잡힌 기록이라고 본다.

삼근왕의 죽음은 왜의 세력과 관련이 있다고 본다.

삼근왕의 대를 이은 동성왕은 북위와의 전쟁에서 대승한

히 기록하고 있다. '삼근은 겨우 13세이지만 남을 아우르는 힘이 있고 또한 복속시켰다. 해구의 딸을 처로 삼았다.' 해구의 처 진씨(眞氏, 삼근의 장모)가 '남편 해구가 해(解)씨(문주왕의 왕비 오로지, 삼근왕의 어머니)와 놀아나는 것을 싫어하여 삼근에게 고하길 "왕의 모후(해씨)께서 지아비(해구)와 상통하여 폐하를 위해(危害) 하려고 합니다. 폐하께선 응당 소첩의 오빠 진남(眞男)과 함께 계획을 세워서 그들을 쳐야 할 것입니다" 하니 삼근이 그래야 하겠다 여기고 진남을 위사좌평으로 삼아 위졸(衛卒 - 왕의 경호부대)을 2,000여 명으로 늘려 훈련시켰다. 해구가 해씨(삼근왕 어머니)에게 삼근을 죽이라 하였으나 해씨는 자신이 낳은 아들인지라 죽일 수 없었다.'라는 소상한 백제의 내정 상황 정보가 고구려 조정에 보고되고 있었다고 본다. 더 놀라운 사실은 삼근왕이 죽기 전(16세)에 삼근왕과 모대(동성왕)와의 인위적 부자(父子) 관계를 소상히 묘사하고 있다. 이와 관련, 삼근왕이 통치자로서의 윤리 도덕에 비추어볼 때, 수치스러운 점이 있어 더 소개하지 않겠는데 고구려는 이런 정황을 수시로 샅샅이 파악하고 있었다는 것이다.

후에 자신감이 생겨 자주독립과 독자 행보를 이어간다. 이는 고구려 쪽에서 볼 때 반려 성향을 띠고 있었다고 볼 수 있다.

동성왕은 북위와의 전쟁에서 대승(490년)한 지 4년이 지난 후(495년)에 표문을 지어 남제에 올렸다. 그 표문 속에 전과를 상세히 기록하면서, 전공자들에게 내린 관작을 인정해 달라고 주문하고 있다.

『남제서』 58권 〈동남이열전〉 백제조에 '건무 2년(495년)에 모대가 사신을 보내어 표문을 올려 말하기를 -중략-"지난 경오년(490년)에는 험윤(獫狁, 북위)이 잘못을 뉘우치지 않고 군사를 일으켜 깊숙이 쳐들어왔습니다. 신이 사법명 등을 보내어 군사를 거느리고 거꾸로 쳐서 밤에 번개처럼 기습 공격하니, 흉리가 당황하여 마치 바닷물이 들끓듯 붕괴 되었습니다. 말을 몰아 패주하는 적을 추격하여 베어 죽이니 그 시체가 평원을 붉게 물들이었습니다. 이로 말미암아 그 예기(銳氣)가 꺾이어 고래처럼 사납던 것이 그 흉포함을 감추었습니다. 지금 천하가 조용해진 것은 실상 사법명 등의 꾀이니 그 공훈을 찾아 마땅히 표창해 주어야 합니다. 이제 임시로 사법명을 행정로 장군 매라왕으로, 찬수류를 행안국 장군 벽중왕으로, 해예곤을 행무위 장군 불중후로 삼고, 목간나는 과거에 군공이 있는 데다 또 누선[臺舫]을 깨뜨렸으므로 행광위 장군 면중후로 삼았습니다. 부디 바라옵건대 천은을 베푸시어 특별히 관작을 주시기 바랍니다."라고 하였다.

또 표문에 올리기를 "신이 사신으로 보낸 행용양 장군 낙랑태수 겸 장사 신(臣) 모견, 행건무 장군 성양태수 겸 사마 신 왕무, 겸 삼군 행진위 장군 조선태수 신 장새, 행양무 장군 진명은 관직에 있어 사사로운 것을 잊어버리고 오로지 공무에만 힘써, 나라가 위태로운 것을 보면 목숨을 내던지고 어려운 일을 당해서는 자기 몸을 돌보지 않았습니다. 지금 신의 사신의 임무를 맡아 험한 파도를 무릅쓰고 바다를 건너 그의 지성을 다하고 있습니다. 실로 관직을 올려주어야 마땅하므로 각각 가행직에 임명하였습니다. 부디 바라옵건대 성조에서는 특별히 정식으로 관직을 제수하여 주십시오."라고 하였다. 이에 조서를 내려 허락함과 아울러 장군의 호를 내려주었다(建武二年 牟大遣使上表曰 -중략- 去庚午年 獫狁弗悛 擧兵深逼 臣遣沙法名等領軍逆討 宵襲霆擊 匈梨張惶 崩若海蕩 乘奔追斬 僵尸丹野. 由是摧其銳氣, 鯨暴韜凶. 今邦宇謐靜, 實名等之略, 尋其功勳, 宜在褒顯. 今假沙法名行征虜將軍邁羅王, 贊首流爲行安國將軍辟中王, 解禮昆爲行武威將軍弗中侯, 木干那前有軍

功, 又拔臺舫, 爲行廣威將軍面中侯. 伏願天恩特愍聽除. 又表曰: 臣所遣行龍驤將軍樂浪太守兼長史臣慕遺, 行建武將軍城陽太守兼司馬臣王茂, 兼參軍行振武將軍朝鮮太守臣張塞, 行揚武將軍陳明, 在官忘私, 唯公是務, 見危授命, 蹈難弗顧. 今任臣使, 冒涉波險, 盡其至誠. 實宜進爵, 各假行署. 伏願聖朝特賜除正 詔可, 竝賜軍號).'

『남제서』에 의하면, 동성왕이 전쟁 승리로 얻은 확대된 영토, 요동반도에 조선군(朝鮮郡) 태수를, 요동의 조선현(朝鮮縣)에 낙랑군(樂浪郡) 태수를, 요동 금주(錦州)에 대방군(帶方郡) 태수를, 하북성의 북경(北京) 근처에 광양군(廣陽郡) 태수를, 산동반도 임치(臨淄), 창읍(昌邑)에 청하군(淸河郡) 태수를, 산동반도 남단 청도(靑島)에 성양군(城陽郡) 태수를, 양자강 북안의 양주(楊州)에 광릉군(光陵郡) 태수 등 백제군을 설치하고 태수를 직할 체제로 임명한 것이다.

특히 조선군 태수, 낙랑군 태수, 대방군 태수 임명은 고구려 입장에서 보면 자국내 영토까지 침식을 당하는 치명적인 위협이라고 할 수 있다.

더구나 고구려의 군사적 압력(주종 관계)에 대처하기 위하여

493년(동성왕 15)에는 신라와 혼인동맹을 맺어 고구려에 대항했다.

동성왕 15년(493년) 사신을 신라에 보내어 혼인을 청한다. 신라 소지왕 15년(493년) 이벌찬 비지의 딸을 보낸다. 이는 대국이 된 동성왕의 주도적 혼인동맹이라 할 수 있다.

이듬해(494년) 신라 장군 실죽이 고구려와 살수[43] 들판에서 싸워 이기지 못하고 후퇴하여 견아성이 포위 되었을 때 동성왕이 군사를 보내 신라를 구원하였다. 그 이듬해(495년) 고구려가 백제의 치양성을 포위하자 신라는 장군 덕지를 보내 치양성을 구원하였다. 이는 나제동맹의 결과였다.

이때만 해도 백제는 고구려와의 주종관계가 깨지고, 아신왕 이후 납공의 의무도 벗어난 것으로 보인다.

---

43) 국사학계는 견아성이 있는 살수를 한반도의 청천강으로 보고 있다. 또 백제의 치양성을 강원도 원주 근처로 보고 있다.(출처; 김부식, 이재호 역, 『삼국사기』 〈신라본기〉 p.123) 이를 한반도 지도에 표시하면 웃음이 나오는 3국의 배치가 된다. 필자의 책 『한반도에 백제는 없었다』, pp.101~102를 보면 위치와 내력을 자세히 알 수 있다.

그런데 동성왕이 시해를 당하고 이를 이어받은 무령왕과 그 뒤를 이은 성왕 때를 기록한 〈고구려사략〉 안원대제편을 보면 성왕의 백제와 고구려 간 주종관계에 있음을 발견하게 된다.

주종관계가 복원되고 납공을 받고 백제 군사의 수를 통제할 수 있는 것을 가장 원했던 세력이 누구일까? 바로 고구려가 아닌가.

〈백제본기〉의 기록대로 좌평 백가가 동성왕을 시해한 것으로 기록하고 있는데 현대의 사학자들은 '백가의 단순한 인사불만', 혹은 '무령왕의 배후설'을 주장하고 있다.

무령왕 배후설은 잘못된 해석이다. 고구려와 주종관계의 의무를 원치 않았던 무령왕이 이미 담로국의 하나로 월주 백제의 화려한 왕좌를 누리고 있는데 동성왕 암살에 참여할 이유나 가치가 전혀 없었다고 본다.

그리고 백가의 단순한 인사불만으로 왕을 시해하였다는 주장도 상식적으로 설득력이 부족하다고 본다.

동성왕 이전부터 있었던 백제왕들의 비운은 외세의 영향을 받았다.

다시 묻는다. 동성왕 암살 배후는 어디일까?

무령왕릉은 1971년 7월 5일 배수로를 손질하던 인부의 삽질 끝에 우연이 발견되었지만, 무령왕릉이라는 창으로 내다보는 678년 동안 존재했던 백제의 파노라마는 우리가 배우고 알고 있는 백제의 풍경이 아니다.

전혀 새로운 그곳에서 우리 조상들이 역사를 이어가고 있었다. 조상이 살았다는 (중국) 문헌과 실증적 유물이 우리가 배운 한국사와 너무 달라서 괴리를 느낀다.

우리가 배운 한국사를 가리켜 역사 왜곡의 주범으로 지적하자니 너무 안타깝고 부끄러운 마음, 눈물이 앞선다.

50년만에 풀어낸
무령왕릉의 비밀

책을 마무리 하며

　책을 읽고 나서 '백제가 한반도에 존재하지 않았다'는 필자의 주장을 보고, 독자들은 놀라움을 금치 못할 것이다. 그리고 강단 사학계가 이 책에 대해 거센 반발과 비판과 공격을 할 수도 있다.

　필자에게 비판과 공격을 하려면 먼저 이에 대한 답을 마련해야 한다며, 본문 '10. 무령왕릉 열쇠로 본 백제' 편에, '백제는 한반도에 존재한 적이 없었다'에서 10개의 질문을 제시하였다.

　그 질문에 답을 못하면서 본 책에 대한 질문을 공격한다면 어불성설이다.

　그리고 독자들은 한국사를 전공하신 분을 만나면 이에 대한 답을 물어보시라 권하고 싶다.

1. 증명된 역사는 사서 기록을 수정해야 하지 않을까?

『삼국사기』〈백제본기〉무령왕(25대)조 첫머리에 '무령왕의 이름은 사마(斯摩) - 혹은 융(隆) - 이며 모대왕(24대 동성왕)의 둘째 아들이다.'라는 기록이 있다.

무령왕릉 지석에 '영동대장군 백제 사마왕께서 나이가 62세 되는 계묘년(523년) 5월 7일에 돌아가셨다'고 했다.

이를 토대로 역산하면 무령왕은 40세에 왕위에 올랐다고 할 수 있다.

역사스페셜(KBS-1TV) '동성왕 피습사건의 전말(2009.9.12. 방영)'에 의하면, 동성왕은 14세에 즉위했고 37세에 시해를 당한 것으로 보고 있다.

37세 동성왕의 둘째 아들이 40세 사마(斯摩)라면 이것은 분명히 잘못된 기록이다. 동성왕과 무령왕은 부자 관계가 아니다.

우선 『삼국사기』의 번역자는 '모대왕(24대 동성왕)의 둘째 아들'이라는 구절에 '주)'를 달아 오류 수정의 모양새를 갖추어야 한다. 다음으로 상고사를 쓰는 학자들도 '무령왕이 모대왕의 아들'이라는 구절이 있다면 정정돼야 한다고 본다.

이밖에도 백제의 역사가 속속 밝혀지고 증명된다면, 한국(고대)사 수정 작업에 들어가야 하지 않을까 한다.

2. 중국에 있었다는 백제를 어떻게 볼 것인가?

백제가 한반도에 없었다고 해서, '타국의 역사'라며 먼 산 바라보듯 할 것인가?

독자에게 물어볼 말이 있다.

"카자흐스탄에 흩어져 살고 있는 고려인들이 있다. 이들이 한반도와 두만강 너머에 있는 간도나 연해주를 어떻게 생각할 것 같은가?"

중앙아시아까지 가서 살게 된 고려인들의 근대사는 대략 이렇다.

1937년 9월부터 두 달 동안, (구)소련 정부가 연해주 아무르강 유역의 블라고베센스크, 하바롭스크와 간도지방의 우수리스크, 블라디보스토크에 살던 조선인(한국인) 17여만 명을 중앙아시아의 황무지로 강제 이주시켰다.

중앙아시아의 황무지는 당시 소련의 영토였는데, 지금의 러시아 남부 볼고그라드, 카자흐스탄의 이스타나와 크질오르다와 알마티, 우즈베키스탄의 누쿠스, 트르크메니스탄의 아시가바트와 타슈켄트, 타지키스탄의 두샨베, 키르키스스탄의 비슈케크 등에 뿔뿔이 흩어서 뿌리듯 강제로 이주시켰다.

당시 조선인(고려인)이 일본의 첩자 노릇을 할 우려가 있고, 군사 작전을 할 때 일본인과 조선인이 구별되지 않는다는 것이 소련의 명분이었다. 소련이 고려인(조선인)들을 화물열차에 짐짝처럼 실어 강제 이주시키는 과정에서 1만 명이 넘는 고려인이 숨진 것으로 전해진다.

이렇게 정착한 중앙아시아의 고려인들은 한반도와 간도와 연해주를 그리운 조국(祖國)의 땅으로 여기고 있다.

그들은 중앙아시아 카자흐스탄 교민신문인 〈한인일보〉를 발간하며 우리말, 우리 얼을 잃지 않고 있다.

우리의 족보나 성씨 본을 보면, 기시조(起始祖)의 고향이 중국 동부지역이다. 우리 조상이 살던 그곳에 백제만 있었던 것이 아니라 신라와 고구려와도 공존하고 있었다.

백제는 건국에서 멸망까지 그곳에서 우리 문화와 정서, 그리고 언어가 통하는 명백한 우리 역사의 한 축을 이루고 있었다고 본다.

중앙아시아에 흩어져 살고 있는 고려인들이 한반도를 조상의 나라로 그리워하는데, 우리는 백제가 있었던 그 땅을 그리워하면 아니 되는가를 다시 생각하게 한다.

그리고 또 하나, 백제와 신라가 중국 땅에서 공존하였는데 조국(祖國)이란 개념에서 백제는 안 되고 신라는 된다고 말할 수 있는가?

3. 필자의 저서가 중국의 동북공정에 힘을 실어준다는 비판에 대하여

 필자의 주장, 즉 중국에 백제가 있었다는 정보 제공이, 동북공정에 힘을 실어줄 것이라 우려하는 분이 나의 지인 중에도 있다. 독자 중에 이와 비슷한 생각을 하는 분이 있을 수 있다고 본다.

 중국의 동북공정은 중국 정부에서 동북 3성(랴오닝성, 지린성, 헤이룽장성)과 네이멍구자치구를 포함한 동북 지역에 대한 역사를 연구하는 과제 이름이다. 동북변강역사여현상계열연구공정(東北邊疆歷史與現狀系列硏究工程)을 줄인 말로서, '동북 변경지역의 역사와 현상에 관한 체계적인 연구 과제'를 뜻한다.

 중국의 동북 3성은 우리말과 통하는 동이어를 사용하고 있으며, 특히 중국의 근현대사의 중심인 청(淸)나라를 탄생시킨 지역의 후손으로서 자존심이 세다고 할 수 있다.

중국은 동북공정을 통해 고구려의 역사를 중국 역사로 편입하려고 시도하고 있다. 즉, 중국은 한족(漢族)을 중심으로 55개의 소수민족으로 성립된 국가이며 현재 중국의 국경 안에서 이루어진 모든 역사는 중국의 역사이므로 고구려와 발해의 역사 역시 중국의 역사라는 주장이다.

따라서 고구려를 고대 중국의 지방 민족 정권으로 격하시키려 하고 있다.

동북공정은 1983년 중국 사회과학원 산하에 변강 역사지리연구 중심이 설립된 이후 1998년 중국 지린성 통화사범대학 고구려연구소가 '고구려 학술토론회'를 개최하면서 본격적으로 추진되었다. 2001년 6월 동북공정에 대한 연구를 계획하면서 2002년 2월 18일 중국 정부의 승인을 받아 공식적으로 동북공정이 시작되었다고 한다.

필자의 책을 통하여 백제에 대한 정보가 중국에 제공될 것이라는 우려는 하지 않아도 될 것 같다. 중국은 자기네 사서와 구전을 통해 이미 백제가 중국 동부지역 땅에 존재했음을 알고 있다.

자기 나라 땅이라고 여기던 중국 동해안 주민들에게 백제의 영토라고 새롭게 부각 시키게 되면 중국으로서는 매우 불리해지는 것이다. 차라리 이 책을 통하여 백제 영토 문제가 제기되고 중국 동북공정처럼 역사논쟁의 화두가 되었으면 좋겠다는 생각을 한다.

4. 국사학계와 문화재청에 기대하는 것이 있다

'무령왕릉사'를 쓰면서 필자의 연구와 능력의 한계를 절실하게 느낀 과제가 세 가지 있다. 그것은,

①무령왕릉을 조성한 벽돌과 6호분 벽돌, 특히 아치형에 쓰인 벽돌의 성분을 비교 분석하고, 이들 벽돌의 재료가 되는 토양의 출처를 밝히는 연구 결과를 기대한다.

②중국 저장성에 있는 태주산 금송과 일본 긴끼 지방의 고야산 금송과 무령왕릉의 목관 재질(세포)을 비교 분석한 결과를 기대한다.

③박창화의 〈고구려사략〉을 위서(僞書)라고 흑색선전할 것이 아니라, 일제 강점기 때 강제로 수거해간 우리의 역사서, 즉 일본 황실 도서의 반환 교섭을 촉구하며, 그것이 어려우면 가능한 열람이라도 할 수 있는 외교적 노력을 기대한다.

어려운 과제가 아니다. ①과 ②의 과제는 '학술연구' 관련 예산을 활용하면 대학교수의 연구를 유도할 수 있고 연구 성과도 기대할 수 있다.

그러나 ③은 국가 간 혹은 정부 차원에서 이루어질 과제라고 본다. 각의를 거치고 국가원수의 역사적 비전이 있을 때만 가능한 일이다.

이와 같은 역사 프로젝트 ①, ②, ③의 과제를 달성하려는 마당에서 한국인이라면 반대할 사람이나 집단은 전혀 없으리라고 확신하고 있다.

그런데 숨어서 쓸데없는 이유를 달며 방해하거나 반대하는 집단이 있다면 '현대판 친일 매국노'가 아닌가 하는 의심을 받을 수 있다.

역사의 속성이 '역사 왜곡'의 가능성을 전제로 한다지만 진정한 역사는 왜곡의 가능성을 좁혀가는 노력이라고 할 수 있다.

■ 찾아보기

광개토왕비문 73, 83
국립부여박물관 117
국회청문회 140
군군(軍君) 159
굴식돌방무덤(橫穴式石室墳) 28
근초고왕 82
금동대향로(金銅大香爐) 111, 150
금송(金松) 129
금제관식(金製冠飾) 41

ㄴ

낙랑태수 88
남제서 167
남조의 서체 19
노잣돈 52, 59
능산리 고분 109, 123

ㄱ

가루베 지온(輕部慈恩) 31, 122
가마쿠라(鎌倉) 시대 69
가카라시마(加唐島) 64
각라도(各羅島) 64, 101
개로왕 66, 71, 72, 85
갱위강국(更爲强國) 49
건축 기술팀 114, 119
고구려사략 71, 73, 130
고구려 속민 73
고구려의 속국 132
고마(固麻) 103, 144
곤지(군군) 67
곤지왕 30, 35, 71, 73, 84
공산성 61, 93
관산성 전투 112

ㄷ

다리(多利) 47
다수동체(多首同體) 104
대부인(大夫人) 47
도군(島君) 67
도네리 친왕 101
도렴 87
도왕(島王) 67
독살 공모설 134
독살-은폐설 146
동성왕 78, 104
동성왕의 무덤 124

동하총(東下塚) 113
등감(燈龕) 28

ㅁ

마곡사(麻谷寺) 148
맞춤형 용병 81
매금(寐錦) 74
매지권(買地券) 52, 62, 139
묘지석 77
무령왕 88, 104
무령왕 독살설 134, 152
무령왕 탄생제 63
문주왕 85

ㅂ

박창범 교수 68, 129
반려(反麗) 88
백가(苩加) 88
백씨(苩氏) 130
백제국왕대비(百濟國王大妃) 20
백제사마왕(百濟斯麻王) 125, 141
백제신찬(百濟新撰) 66, 161
백제의 보좌(補佐) 83
법사군(法師君) 133
벽골지(碧骨池) 148
벽화(碧花) 34
부여융 102
부여태 102
북두칠성(北斗七星) 58

북망산(北邙山) 55
비유왕 153
빈장(殯葬) 20
빈전(殯殿) 21

ㅅ

사랑니 32
사마 융 70
사비성 96
사신도(四神図) 29, 39
사오싱(紹興) 99
삼근왕 166
상업국가 81
상좌평 159
상투[상두上斗] 58
석수(石獸) 40
선린 외교 정책 24
세계유산위원회(WHC) 106
소서노(召西奴) 80
소지왕 34
소흑산도 138
송산리 고분 123
송산리 유적 28
수번해외(守藩海外) 98
순타태자(純陀太子) 36, 133
신공황후 82
신찬성씨록(新撰姓氏錄) 153
쌍현성(雙峴城) 34, 131

ㅇ

아스카(飛鳥) 시대 69
아스텍문명 57
아신왕 74
아치형 천장 107
아치형 천장묘 35
안원대제 73, 130
야마토 70, 101
야마토(왜) 133
야마토(大和) 시대 68
양직공도(梁職貢圖) 102, 144
어금니 33
어하라(於瑕羅) 74
여륭(餘隆) 24, 97
연도(埏道) 40
연씨(燕氏) 130
연타발(延陀勃) 80
영동대장군(寧東大將軍) 24, 98, 141
오수전 45, 55, 139
와요지(瓦窯址) 117
왕권 수호 79, 92, 145
왕비의 지석 18
왕위 찬탈 79, 92
왕의 지석 18
용병 87
우현왕 158
웅주 93
웅진 94
웅진성 93
웅천 94
월주 70, 101
월주 백제 100, 105, 130, 138, 140, 144
유송서 156
은제 팔찌 46
은팔찌[銀製釧] 42
이성산성(二聖山城) 149
22담로국 81, 102
임승국 교수 114, 124, 140

ㅈ

자장(慈藏)율사 148
장수왕 74
저우산군도(舟山群島) 99
전축분(塼築墳) 26, 123, 140
정지산 22
조메이 천황(舒明天皇) 104
좌현왕 158
주산군도 138
주춧돌 96
지난(濟南) 150
지닝(濟寧) 150
진지왕 74
진평군 104

ㅊ

창왕명석조사리감(昌王銘石造舍利龕)
　　　111
철전(鐵錢) 53
청자육이호(靑磁六耳壺) 40
축자(筑紫) 67, 100
춘궁동(春宮洞)설 149
친려(親麗) 73, 85, 162
친왜(親倭) 72, 85, 162

ㅌ

태백일사 73
토지매입권(土地買入卷) 148

ㅍ

푸춘강(富春江) 100
피습사건 78

ㅎ

항저우 99
해하(海河) 81
현실(玄室) 40
혼인동맹 170
황남대총 33
횡혈식 석실 109, 145
홍산(紅山)문화 56
흑룡(黑龍) 84

참고문헌

국내외 문헌

◇ 강찬석·이희진, 『잃어버린 백제의 옛 도읍지』, 소나무(2009).
◇ 국립문화재연구소, 『한국고고학사전』, 국립문화재연구소(2001).
◇ 김부식·이재호 옮김, 『삼국사기』(1) (2) (3), 솔(1997).
◇ 김산호, 『대쥬신제국사(大朝鮮帝國史)』, 3권. 동아출판사(1994).
◇ 김종수 외, 『고등학교 한국사』, 금성출판사(2013).
◇ 대백제 다큐멘터리 제작팀, 『대백제』, 차림(2010)
◇ 박영규, 『한권으로 읽는 백제왕조실록(증보판)』, 웅진닷컴(2004).
◇ 박지원, 탁양현 옮김, 『열하일기』, 퍼플(2015)
◇ 박창범, 『하늘에 새긴 우리 역사』, 김영사(2018).
◇ 박창화(남당) 필사본, 〈고구려 사초/략, (20대) 장수대제기〉, 〈고구려 사초/략, (23대) 안원왕(安原王) 편〉
◇ 소진철, 『해양대국 대백제』, 주류성출판사(2008).
◇ 손성태 교수가 쓴 『우리 민족의 대이동』 코리(2014)
◇ 안경전 옮김, 『청소년 환단고기』, 상생출판(2012).
◇ 오운홍, 『고대사 뒤집어 보기』, 시간의물레(2020).
◇ 오운홍, 『한반도에 백제는 없었다』, 시간의물레(2021).
◇ 이기백, 『한국사신론』, 일조각(1972).
◇ 이중재, 『상고사의 새 발견』, 명문당(1993).
◇ 이형구·이기환, 『코리안 루트를 찾아서』, 성안당(2010).
◇ 일연, 이재호 옮김, 『삼국유사』(1) (2), 솔(2017).

◇ 임승국 번역, 『한단고기(桓檀古記)』, 정신세계사(2016).
◇ 한국정신문화연구원, 『한국민족문화대백과사전』
◇ 해저지도, 국립해양조사원 해도(K-2010), 한국해양(주).
◇ China Road Atlas, 산동성지도출판사(山東省地圖出版社)(2006).

재인용한 동양 사서

◇ 중국의 『수서(隋書)』, 『구당서(舊唐書)』, 『신당서(新唐書)』, 『통전(通典)』, 『위서(魏書)』, 『송서(宋書)』, 『남제서(南齊書)』, 『건강실록(建康實錄)』, 『자치통감(資治通鑑)』, 『양서(梁書)』, 〈양직공도(梁職貢圖)〉, 『삼국지(三國志)』, 『후한서(後漢書)』, 『사기(史記)』, 『문헌통고(文獻通考)』, 『북사(北史)』, 『남사(南史)』, 『북제서(北齊書)』, 『한서(漢書)지리지』, 『진서(晉書)』, 『수경주(水經注)』.
◇ 일본의 『일본서기(日本書紀)』, 『백제신찬(百濟新撰)』, 『신찬성씨록(新撰姓氏錄)』.

웹문서

◇ 무령왕릉 출토유물 도록
◇ 제19회 무령왕탄생제(2020.7.21.)
◇ 유네스코 세계유산 지정, 공주시청 홈페이지

관련 신문기사 및 방송

◇ 〈경북일보〉, 윤용섭의 신삼국유사, 58.백제에 관한 남은 이야기, 2018.3.30

◇ 〈동아일보〉, '무령왕릉 발굴' 기사, 1971년 7월 8일
◇ 〈복지TV부산방송〉, 1,500여 년 동안 감춰져 왔던 전북 완주군 가야, 2018. 11. 18.
◇ 〈시사저널〉, "완주는 가야 철 생산기지"…제철 유적 35곳 확인, 2020.7.9.
◇ 〈연합뉴스〉, '향로의 유래, 중국 한초(漢初)부터 사용, 일명 박산로(博山爐)', 1993.12.22.
◇ 〈월간중앙〉 하남 이성산성의 비밀 – 백제 지배한 시절의 성터 신라 토기만나왔다?, 2009.9월호
◇ 인터넷신문, 〈스카이데일리〉의 2017.7.15. '조선사편수회' 관련 기사.
◇ 〈조선일보〉, '50년 전 오늘, 한국 고대사의 블랙박스가 열렸다.' A18, 2021.7.8.
◇ 〈중앙일보〉 2021연재, 국보만 17점 '백제 블랙박스'…12시간 만에 날림 발굴, 2021.2.24.
◇ KBS(1TV) 역사스페셜, '동성왕 피습사건의 전말', 2009.9.12.
◇ KBS(1TV) 역사스페셜, '무령왕릉 어금니 한 개의 비밀', 2003.5.3.

한국사 미스터리 3
무령왕릉의 비밀

초판인쇄 2021년 07월 23일
초판발행 2021년 07월 28일
저　　자 오운홍
발 행 인 권호순
발 행 처 시간의물레
등　　록 2004년 6월 5일
주　　소 서울시 은평구 중산로17길 31, 401호
전　　화 02-3273-3867
팩　　스 02-3273-3868
전자우편 timeofr@naver.com
블 로 그 http://blog.naver.com/mulretime
홈페이지 http://www.mulretime.com
I S B N 978-89-6511-359-1 (03910)
정　　가 12,000원

* 이 책의 저작권은 저자에게 출판권은 시간의물레에 있습니다.
* 잘못된 책은 바꿔드립니다.